CW00632078

NORUEGO
VOCABULARIO

PALABRAS MÁS USADAS

ESPAÑOL-
NORUEGO

Las palabras más útiles
Para expandir su vocabulario y refinar
sus habilidades lingüísticas

3000 palabras

Vocabulario Español-Noruego - 3000 palabras más usadas
por Andrey Taranov

Los vocabularios de T&P Books buscan ayudar en el aprendizaje, la memorización y la revisión de palabras de idiomas extranjeros. El diccionario se divide por temas, cubriendo toda la esfera de las actividades cotidianas, de negocios, ciencias, cultura, etc.

El proceso de aprendizaje de palabras utilizando los diccionarios temáticos de T&P Books le proporcionará a usted las siguientes ventajas:

- La información del idioma secundario está organizada claramente y predetermina el éxito para las etapas subsiguientes en la memorización de palabras.
- Las palabras derivadas de la misma raíz se agrupan, lo cual permite la memorización de grupos de palabras en vez de palabras aisladas.
- Las unidades pequeñas de palabras facilitan el proceso de reconocimiento de enlaces de asociación que se necesitan para la cohesión del vocabulario.
- De este modo, se puede estimar el número de palabras aprendidas y así también el nivel de conocimiento del idioma.

Copyright © 2017 T&P Books Publishing

Todos los derechos reservados. Ninguna porción de este libro puede reproducirse o utilizarse de ninguna manera o por ningún medio; sea electrónico o mecánico, lo cual incluye la fotocopia, grabación o información almacenada y sistemas de recuperación, sin el permiso escrito de la editorial.

T&P Books Publishing
www.tpbooks.com

ISBN: 978-1-78492-022-7

Este libro está disponible en formato electrónico o de E-Book también.
Visite www.tpbooks.com o las librerías electrónicas más destacadas en la Red.

VOCABULARIO NORUEGO
palabras más usadas

Los vocabularios de T&P Books buscan ayudar al aprendiz a aprender, memorizar y repasar palabras de idiomas extranjeros. Los vocabularios contienen más de 3000 palabras comúnmente usadas y organizadas de manera temática.

- El vocabulario contiene las palabras corrientes más usadas.
- Se recomienda como ayuda adicional a cualquier curso de idiomas.
- Capta las necesidades de aprendices de nivel principiante y avanzado.
- Es conveniente para uso cotidiano, prácticas de revisión y actividades de auto-evaluación.
- Facilita la evaluación del vocabulario.

Aspectos claves del vocabulario

- Las palabras se organizan según el significado, no según el orden alfabético.
- Las palabras se presentan en tres columnas para facilitar los procesos de repaso y auto-evaluación.
- Los grupos de palabras se dividen en pequeñas secciones para facilitar el proceso de aprendizaje.
- El vocabulario ofrece una transcripción sencilla y conveniente de cada palabra extranjera.

El vocabulario contiene 101 temas que incluyen lo siguiente:

Conceptos básicos, números, colores, meses, estaciones, unidades de medidas, ropa y accesorios, comida y nutrición, restaurantes, familia nuclear, familia extendida, características de personalidad, sentimientos, emociones, enfermedades, la ciudad y el pueblo, exploración del paisaje, compras, finanzas, la casa, el hogar, la oficina, el trabajo en oficina, importación y exportación, promociones, búsqueda de trabajo, deportes, educación, computación, la red, herramientas, la naturaleza, los países, las nacionalidades y más …

TABLA DE CONTENIDO

EL VIAJE. EL HOTEL 30

EL TRANSPORTE 33

LA CIUDAD 38

LA ROPA Y LOS ACCESORIOS 44

LA EXPERIENCIA DIARIA 49

LAS COMIDAS. EL RESTAURANTE 55

GUÍA DE PRONUNCIACIÓN

La letra	Ejemplo noruego	T&P alfabeto fonético	Ejemplo español
Aa	plass	[ɑ], [ɑ:]	altura
Bb	bøtte, albue	[b]	en barco
Cc [1]	centimeter	[s]	salva
Cc [2]	Canada	[k]	charco
Dd	radius	[d]	desierto
Ee	rett	[e:]	sexto
Ee [3]	begå	[ɛ]	mes
Ff	fattig	[f]	golf
Gg [4]	golf	[g]	jugada
Gg [5]	gyllen	[j]	asiento
Gg [6]	regnbue	[ŋ]	manga
Hh	hektar	[h]	mejicano
Ii	kilometer	[ı], [i]	hundirse
Kk	konge	[k]	charco
Kk [7]	kirke	[h]	mejicano
Jj	fjerde	[j]	asiento
kj	bikkje	[h]	mejicano
Ll	halvår	[l]	lira
Mm	middag	[m]	nombre
Nn	november	[n]	número
ng	id_langt	[ŋ]	manga
Oo [8]	honning	[ɔ]	costa
Oo [9]	fot, krone	[u]	mundo
Pp	plomme	[p]	precio
Qq	sequoia	[k]	charco
Rr	sverge	[r]	era, alfombra
Ss	appelsin	[s]	salva
sk [10]	skikk, skyte	[ʃ]	shopping
Tt	stør, torsk	[t]	torre
Uu	brudd	[y]	pluma
Vv	kraftverk	[v]	travieso
Ww	webside	[v]	travieso
Xx	mexicaner	[ks]	taxi
Yy	nytte	[ı], [i]	hundirse
Zz [11]	New Zealand	[s]	quetzal
Ææ	vær, stær	[æ]	vencer
Øø	ørn, gjø	[ø]	alemán - Hölle
Åå	gås, værhår	[o:]	domicilio

Comentarios

[1] delante de **e**, **i**
[2] en el resto de los casos
[3] Átono
[4] delante de **a**, **o**, **u**, **å**
[5] delante de **i**, **y**
[6] en la combinación **gn**
[7] delante de **i**, **y**
[8] delante de dos consonantes
[9] delante de una consonante
[10] delante de **i**, **y**
[11] en palabras prestadas solamente

ABREVIATURAS
usadas en el vocabulario

Abreviatura en español

adj	-	adjetivo
adv	-	adverbio
anim.	-	animado
conj	-	conjunción
etc.	-	etcétera
f	-	sustantivo femenino
f pl	-	femenino plural
fam.	-	uso familiar
fem.	-	femenino
form.	-	uso formal
inanim.	-	inanimado
innum.	-	innumerable
m	-	sustantivo masculino
m pl	-	masculino plural
m, f	-	masculino, femenino
masc.	-	masculino
mat	-	matemáticas
mil.	-	militar
num.	-	numerable
p.ej.	-	por ejemplo
pl	-	plural
pron	-	pronombre
sg	-	singular
v aux	-	verbo auxiliar
vi	-	verbo intransitivo
vi, vt	-	verbo intransitivo, verbo transitivo
vr	-	verbo reflexivo
vt	-	verbo transitivo

Abreviatura en noruego

f	-	sustantivo femenino
f pl	-	femenino plural
m	-	sustantivo masculino
m pl	-	masculino plural
m/f	-	masculino, neutro
m/f pl	-	masculino/femenino plural
m/f/n	-	masculino/femenino/neutro

m/n	-	masculino, femenino
n	-	neutro
n pl	-	género neutro plural
pl	-	plural

CONCEPTOS BÁSICOS

1. Los pronombres

| yo | jeg | ['jæj] |
| tú | du | [dʉ] |

él	han	['hɑn]
ella	hun	['hʉn]
ello	det, den	['de], ['den]

nosotros, -as	vi	['vi]
vosotros, -as	dere	['derə]
ellos, ellas	de	['de]

2. Saludos. Salutaciones

¡Hola! (fam.)	Hei!	['hæj]
¡Hola! (form.)	Hallo! God dag!	[hɑ'lʉ], [gʉ 'dɑ]
¡Buenos días!	God morn!	[gʉ 'mɔːn]
¡Buenas tardes!	God dag!	[gʉ'dɑ]
¡Buenas noches!	God kveld!	[gʉ 'kvɛl]

decir hola	å hilse	[ɔ 'hilsə]
¡Hola! (a un amigo)	Hei!	['hæj]
saludo (m)	hilsen (m)	['hilsən]
saludar (vt)	å hilse	[ɔ 'hilsə]
¿Cómo estáis?	Hvordan står det til?	['vʉːdɑn stoːr de til]
¿Cómo estás?	Hvordan går det?	['vʉːdɑn gor de]
¿Qué hay de nuevo?	Hva nytt?	[va 'nʏt]

¡Hasta la vista! (form.)	Ha det bra!	[hɑ de 'brɑ]
¡Hasta la vista! (fam.)	Ha det!	[hɑ 'de]
¡Hasta pronto!	Vi ses!	[vi sɛs]
¡Adiós!	Farvel!	[far'vɛl]
despedirse (vr)	å si farvel	[ɔ 'si far'vɛl]
¡Hasta luego!	Ha det!	[hɑ 'de]

¡Gracias!	Takk!	['tɑk]
¡Muchas gracias!	Tusen takk!	['tʉsən tɑk]
De nada	Bare hyggelig	['bɑrə 'hʏgeli]
No hay de qué	Ikke noe å takke for!	['ikə 'nʉe ɔ 'tɑkə fɔr]
De nada	Ingen årsak!	['iŋən 'oːʂɑk]

¡Disculpa!	Unnskyld, ...	['ʉnˌʂyl ...]
¡Disculpe!	Unnskyld meg, ...	['ʉnˌʂyl me ...]
disculpar (vt)	å unnskylde	[ɔ 'ʉnˌʂylə]
disculparse (vr)	å unnskylde seg	[ɔ 'ʉnˌʂylə sæj]

Mis disculpas	Jeg ber om unnskyldning	[jæj ber ɔm 'ʉnˌsyldniŋ]
¡Perdóneme!	Unnskyld!	['ʉnˌsyl]
perdonar (vt)	å tilgi	[ɔ 'tilˌji]
¡No pasa nada!	Ikke noe problem	['ikə 'nʉe prʉ'blem]
por favor	vær så snill	['vær ʂɔ 'snil]

¡No se le olvide!	Ikke glem!	['ikə 'glem]
¡Ciertamente!	Selvfølgelig!	[sɛl'følgəli]
¡Claro que no!	Selvfølgelig ikke!	[sɛl'følgəli 'ikə]
¡De acuerdo!	OK! Enig!	[ɔ'kɛj], ['ɛni]
¡Basta!	Det er nok!	[de ær 'nɔk]

3. Las preguntas

¿Quién?	Hvem?	['vɛm]
¿Qué?	Hva?	['va]
¿Dónde?	Hvor?	['vʊr]
¿Adónde?	Hvorhen?	['vʊrhen]
¿De dónde?	Hvorfra?	['vʊrfra]
¿Cuándo?	Når?	[nɔr]
¿Para qué?	Hvorfor?	['vʊrfʊr]
¿Por qué?	Hvorfor?	['vʊrfʊr]

¿Por qué razón?	Hvorfor?	['vʊrfʊr]
¿Cómo?	Hvordan?	['vʊːdan]
¿Qué ...? (~ color)	Hvilken?	['vilkən]
¿Cuál?	Hvilken?	['vilkən]

¿A quién?	Til hvem?	[til 'vɛm]
¿De quién? (~ hablan ...)	Om hvem?	[ɔm 'vɛm]
¿De qué?	Om hva?	[ɔm 'va]
¿Con quién?	Med hvem?	[me 'vɛm]

¿Cuánto? (innum.)	Hvor mye?	[vʊr 'mye]
¿Cuánto? (num.)	Hvor mange?	[vʊr 'maŋə]
¿De quién? (~ es este ...)	Hvis?	['vis]

4. Las preposiciones

con ... (~ algn)	med	[me]
sin ... (~ azúcar)	uten	['ʉtən]
a ... (p.ej. voy a México)	til	['til]
de ... (hablar ~)	om	['ɔm]
antes de ...	før	['før]
delante de ...	foran, framfor	['fɔran], ['framfɔr]
debajo de ...	under	['ʉnər]
sobre ..., encima de ...	over	['ɔvər]
en, sobre (~ la mesa)	på	['pɔ]
de (origen)	fra	['fra]
de (fabricado de)	av	[aː]
dentro de ...	om	['ɔm]
encima de ...	over	['ɔvər]

5. Las palabras útiles. Los adverbios. Unidad 1

¿Dónde?	Hvor?	['vʊr]
aquí (adv)	her	['hɛr]
allí (adv)	der	['dɛr]

en alguna parte	et sted	[et 'sted]
en ninguna parte	ingensteds	['iŋən‚stɛts]

junto a ...	ved	['ve]
junto a la ventana	ved vinduet	[ve 'vindʉə]

¿A dónde?	Hvorhen?	['vʊrhen]
aquí (venga ~)	hit	['hit]
allí (vendré ~)	dit	['dit]
de aquí (adv)	herfra	['hɛr‚frɑ]
de allí (adv)	derfra	['dɛr‚frɑ]

cerca (no lejos)	nær	['nær]
lejos (adv)	langt	['laŋt]

cerca de ...	nær	['nær]
al lado (de ...)	i nærheten	[i 'nær‚hetən]
no lejos (adv)	ikke langt	['ikə 'laŋt]

izquierdo (adj)	venstre	['vɛnstrə]
a la izquierda (situado ~)	til venstre	[til 'vɛnstrə]
a la izquierda (girar ~)	til venstre	[til 'vɛnstrə]

derecho (adj)	høyre	['højrə]
a la derecha (situado ~)	til høyre	[til 'højrə]
a la derecha (girar)	til høyre	[til 'højrə]

delante (yo voy ~)	foran	['forɑn]
delantero (adj)	fremre	['frɛmrə]
adelante (movimiento)	fram	['frɑm]

detrás de ...	bakom	['bɑkɔm]
desde atrás	bakfra	['bɑk‚frɑ]
atrás (da un paso ~)	tilbake	[til'bɑkə]

centro (m), medio (m)	midt (m)	['mit]
en medio (adv)	i midten	[i 'mitən]

de lado (adv)	fra siden	[frɑ 'sidən]
en todas partes	overalt	[ɔvər'ɑlt]
alrededor (adv)	rundt omkring	['rʉnt ɔm'kriŋ]

de dentro (adv)	innefra	['inə‚frɑ]
a alguna parte	et sted	[et 'sted]
todo derecho (adv)	rett, direkte	['rɛt], ['di'rɛktə]
atrás (muévelo para ~)	tilbake	[til'bɑkə]

de alguna parte (adv)	et eller annet steds fra	[et 'elər ‚ɑːnt 'stɛts frɑ]
no se sabe de dónde	et eller annet steds fra	[et 'elər ‚ɑːnt 'stɛts frɑ]

primero (adv)	for det første	[fɔr de 'fœʂtə]
segundo (adv)	for det annet	[fɔr de 'ɑːnt]
tercero (adv)	for det tredje	[fɔr de 'trɛdje]

de súbito (adv)	plutselig	['plʉtseli]
al principio (adv)	i begynnelsen	[i be'jinəlsən]
por primera vez	for første gang	[fɔr 'fœʂtə ˌgɑŋ]
mucho tiempo antes …	lenge før …	['leŋə 'før …]
de nuevo (adv)	på nytt	[pɔ 'nʏt]
para siempre (adv)	for godt	[fɔr 'gɔt]

jamás, nunca (adv)	aldri	['aldri]
de nuevo (adv)	igjen	[i'jɛn]
ahora (adv)	nå	['nɔ]
frecuentemente (adv)	ofte	['ɔftə]
entonces (adv)	da	['dɑ]
urgentemente (adv)	omgående	['ɔmˌgɔːnə]
usualmente (adv)	vanligvis	['vanliˌvis]

a propósito, …	forresten, …	[fɔ'rɛstən …]
es probable	mulig, kanskje	['mʉli], ['kanʂə]
probablemente (adv)	sannsynligvis	[san'sʏnliˌvis]
tal vez	kanskje	['kanʂə]
además …	dessuten, …	[des'ʉtən …]
por eso …	derfor …	['dɛrfor …]
a pesar de …	på tross av …	['pɔ 'trɔs ɑː …]
gracias a …	takket være …	['takət ˌværə …]

qué (pron)	hva	['va]
que (conj)	at	[at]
algo (~ le ha pasado)	noe	['nʊe]
algo (~ así)	noe	['nʊe]
nada (f)	ingenting	['iŋəntiŋ]

quien	hvem	['vɛm]
alguien (viene ~)	noen	['nʊən]
alguien (¿ha llamado ~?)	noen	['nʊən]

nadie	ingen	['iŋən]
a ninguna parte	ingensteds	['iŋənˌstɛts]
de nadie	ingens	['iŋəns]
de alguien	noens	['nʊəns]

tan, tanto (adv)	så	['sɔː]
también (~ habla francés)	også	['ɔsɔ]
también (p.ej. Yo ~)	også	['ɔsɔ]

6. Las palabras útiles. Los adverbios. Unidad 2

¿Por qué?	Hvorfor?	['vʊrfʊr]
no se sabe porqué	av en eller annen grunn	[ɑː en elər 'anən ˌgrʉn]
porque …	fordi …	[fo'di …]
por cualquier razón (adv)	av en eller annen grunn	[ɑː en elər 'anən ˌgrʉn]
y (p.ej. uno y medio)	og	['ɔ]

o (p.ej. té o café)	eller	['elər]
pero (p.ej. me gusta, ~)	men	['men]
para (p.ej. es para ti)	for, til	[fɔr], [til]

demasiado (adv)	for, altfor	['fɔr], ['altfɔr]
sólo, solamente (adv)	bare	['barə]
exactamente (adv)	presis, eksakt	[prɛ'sis], [ɛk'sakt]
unos ...,	cirka	['sirka]
cerca de ... (~ 10 kg)		

aproximadamente	omtrent	[ɔm'trɛnt]
aproximado (adj)	omtrentlig	[ɔm'trɛntli]
casi (adv)	nesten	['nɛstən]
resto (m)	rest (m)	['rɛst]

el otro (adj)	den annen	[den 'anən]
otro (p.ej. el otro día)	andre	['andrə]
cada (adj)	hver	['vɛr]
cualquier (adj)	hvilken som helst	['vilkən sɔm 'hɛlst]
mucho (adv)	mye	['mye]
muchos (mucha gente)	mange	['maŋə]
todos	alle	['alə]

a cambio de ...	til gjengjeld for ...	[til 'jɛnjɛl fɔr ...]
en cambio (adv)	istedenfor	[i'steden‚fɔr]
a mano (hecho ~)	for hånd	[fɔr 'hɔn]
poco probable	neppe	['nepə]

probablemente	sannsynligvis	[san'sʏnli‚vis]
a propósito (adv)	med vilje	[me 'vilje]
por accidente (adv)	tilfeldigvis	[til'fɛldivis]

muy (adv)	meget	['megət]
por ejemplo (adv)	for eksempel	[fɔr ɛk'sɛmpəl]
entre (~ nosotros)	mellom	['mɛlɔm]
entre (~ otras cosas)	blant	['blant]
tanto (~ gente)	så mye	['sɔ: mye]
especialmente (adv)	særlig	['sæ:[i]

NÚMEROS. MISCELÁNEA

7. Números cardinales. Unidad 1

cero	null	['nʉl]
uno	en	['en]
dos	to	['tʊ]
tres	tre	['tre]
cuatro	fire	['fire]
cinco	fem	['fɛm]
seis	seks	['sɛks]
siete	sju	['ʂʉ]
ocho	åtte	['ɔtə]
nueve	ni	['ni]
diez	ti	['ti]
once	elleve	['ɛlvə]
doce	tolv	['tɔl]
trece	tretten	['trɛtən]
catorce	fjorten	['fjɔːʈən]
quince	femten	['fɛmtən]
dieciséis	seksten	['sæjstən]
diecisiete	sytten	['sʏtən]
dieciocho	atten	['atən]
diecinueve	nitten	['nitən]
veinte	tjue	['çʉe]
veintiuno	tjueen	['çʉe en]
veintidós	tjueto	['çʉe tʊ]
veintitrés	tjuetre	['çʉe tre]
treinta	tretti	['trɛti]
treinta y uno	trettien	['trɛti en]
treinta y dos	trettito	['trɛti tʊ]
treinta y tres	trettitre	['trɛti tre]
cuarenta	førti	['fœːʈi]
cuarenta y uno	førtien	['fœːʈi en]
cuarenta y dos	førtito	['fœːʈi tʊ]
cuarenta y tres	førtitre	['fœːʈi tre]
cincuenta	femti	['fɛmti]
cincuenta y uno	femtien	['fɛmti en]
cincuenta y dos	femtito	['fɛmti tʊ]
cincuenta y tres	femtitre	['fɛmti tre]
sesenta	seksti	['sɛksti]
sesenta y uno	sekstien	['sɛksti en]

| sesenta y dos | sekstito | ['sɛksti tʊ] |
| sesenta y tres | sekstitre | ['sɛksti tre] |

setenta	sytti	['sʏti]
setenta y uno	syttien	['sʏti en]
setenta y dos	syttito	['sʏti tʊ]
setenta y tres	syttitre	['sʏti tre]

ochenta	åtti	['ɔti]
ochenta y uno	åttien	['ɔti en]
ochenta y dos	åttito	['ɔti tʊ]
ochenta y tres	åttitre	['ɔti tre]

noventa	nitti	['niti]
noventa y uno	nittien	['niti en]
noventa y dos	nittito	['niti tʊ]
noventa y tres	nittitre	['niti tre]

8. Números cardinales. Unidad 2

cien	hundre	['hʉndrə]
doscientos	to hundre	['tʊ ˌhʉndrə]
trescientos	tre hundre	['tre ˌhʉndrə]
cuatrocientos	fire hundre	['fire ˌhʉndrə]
quinientos	fem hundre	['fɛm ˌhʉndrə]

seiscientos	seks hundre	['sɛks ˌhʉndrə]
setecientos	syv hundre	['syv ˌhʉndrə]
ochocientos	åtte hundre	['ɔtə ˌhʉndrə]
novecientos	ni hundre	['ni ˌhʉndrə]

mil	tusen	['tʉsən]
dos mil	to tusen	['tʊ ˌtʉsən]
tres mil	tre tusen	['tre ˌtʉsən]
diez mil	ti tusen	['ti ˌtʉsən]
cien mil	hundre tusen	['hʉndrə ˌtʉsən]
millón (m)	million (m)	[mi'ljun]
mil millones	milliard (m)	[mi'lja:d]

9. Números ordinales

primero (adj)	første	['fœʂtə]
segundo (adj)	annen	['ɑnən]
tercero (adj)	tredje	['trɛdjə]
cuarto (adj)	fjerde	['fjæɾə]
quinto (adj)	femte	['fɛmtə]

sexto (adj)	sjette	['ʂɛtə]
séptimo (adj)	sjuende	['ʂʉenə]
octavo (adj)	åttende	['ɔtenə]
noveno (adj)	niende	['nienə]
décimo (adj)	tiende	['tienə]

LOS COLORES. LAS UNIDADES DE MEDIDA

10. Los colores

color (m)	farge (m)	['fɑrgə]
matiz (m)	nyanse (m)	[ny'ɑnse]
tono (m)	fargetone (m)	['fɑrgə‚tʉnə]
arco (m) iris	regnbue (m)	['ræjn‚bʉːə]
blanco (adj)	hvit	['vit]
negro (adj)	svart	['svɑːʈ]
gris (adj)	grå	['grɔ]
verde (adj)	grønn	['grœn]
amarillo (adj)	gul	['gʉl]
rojo (adj)	rød	['rø]
azul (adj)	blå	['blɔ]
azul claro (adj)	lyseblå	['lysə‚blɔ]
rosa (adj)	rosa	['rɔsa]
naranja (adj)	oransje	[ɔ'ranʂɛ]
violeta (adj)	fiolett	[fiʊ'lət]
marrón (adj)	brun	['brʉn]
dorado (adj)	gullgul	['gʉl]
argentado (adj)	sølv-	['søl-]
beige (adj)	beige	['bɛːʂ]
crema (adj)	kremfarget	['krɛm‚fɑrgət]
turquesa (adj)	turkis	[tʉr'kis]
rojo cereza (adj)	kirsebærrød	['çɪʂəbær‚rød]
lila (adj)	lilla	['lila]
carmesí (adj)	karminrød	['karmʊ'sin‚rød]
claro (adj)	lys	['lys]
oscuro (adj)	mørk	['mœrk]
vivo (adj)	klar	['klɑr]
de color (lápiz ~)	farge-	['fɑrgə-]
en colores (película ~)	farge-	['fɑrgə-]
blanco y negro (adj)	svart-hvit	['svɑːʈ vit]
unicolor (adj)	ensfarget	['ɛns‚fɑrgət]
multicolor (adj)	mangefarget	['maŋə‚fɑrgət]

11. Las unidades de medida

peso (m)	vekt (m)	['vɛkt]
longitud (f)	lengde (m/f)	['leŋdə]

anchura (f)	bredde (m)	['brɛdə]
altura (f)	høyde (m)	['højdə]
profundidad (f)	dybde (m)	['dʏbdə]
volumen (m)	volum (n)	[vɔ'lʉm]
área (f)	areal (n)	[ˌare'al]

gramo (m)	gram (n)	['gram]
miligramo (m)	milligram (n)	['miliˌgram]
kilogramo (m)	kilogram (n)	['çiluˌgram]
tonelada (f)	tonn (m/n)	['tɔn]
libra (f)	pund (n)	['pʉn]
onza (f)	unse (m)	['ʉnsə]

metro (m)	meter (m)	['metər]
milímetro (m)	millimeter (m)	['miliˌmetər]
centímetro (m)	centimeter (m)	['sɛntiˌmetər]
kilómetro (m)	kilometer (m)	['çiluˌmetər]
milla (f)	mil (m/f)	['mil]

pulgada (f)	tomme (m)	['tɔmə]
pie (m)	fot (m)	['fʊt]
yarda (f)	yard (m)	['jaːrd]

metro (m) cuadrado	kvadratmeter (m)	[kva'dratˌmetər]
hectárea (f)	hektar (n)	['hɛktar]

litro (m)	liter (m)	['litər]
grado (m)	grad (m)	['grad]
voltio (m)	volt (m)	['vɔlt]
amperio (m)	ampere (m)	[am'pɛr]
caballo (m) de fuerza	hestekraft (m/f)	['hɛstəˌkraft]

cantidad (f)	mengde (m)	['mɛŋdə]
un poco de …	få …	['fɔ …]
mitad (f)	halvdel (m)	['haldel]
docena (f)	dusin (n)	[dʉ'sin]
pieza (f)	stykke (n)	['stʏkə]

dimensión (f)	størrelse (m)	['stœrəlsə]
escala (f) (del mapa)	målestokk (m)	['moːləˌstɔk]

mínimo (adj)	minimal	[mini'mal]
el más pequeño (adj)	minste	['minstə]
medio (adj)	middel-	['midəl-]
máximo (adj)	maksimal	[maksi'mal]
el más grande (adj)	største	['stœʂtə]

12. Contenedores

tarro (m) de vidrio	glaskrukke (m/f)	['glasˌkrʉkə]
lata (f) de hojalata	boks (m)	['bɔks]
cubo (m)	bøtte (m/f)	['bœtə]
barril (m)	tønne (m)	['tœnə]
palangana (f)	vaskefat (n)	['vaskəˌfat]

tanque (m)	tank (m)	['tɑnk]
petaca (f) (de alcohol)	lommelerke (m/f)	['lʊməˌlærkə]
bidón (m) de gasolina	bensinkanne (m/f)	[bɛn'sinˌkanə]
cisterna (f)	tank (m)	['tɑnk]

taza (f) (mug de cerámica)	krus (n)	['krʉs]
taza (f) (~ de café)	kopp (m)	['kɔp]
platillo (m)	tefat (n)	['teˌfat]
vaso (m) (~ de agua)	glass (n)	['glɑs]
copa (f) (~ de vino)	vinglass (n)	['vinˌglɑs]
olla (f)	gryte (m/f)	['grytə]

| botella (f) | flaske (m) | ['flɑskə] |
| cuello (m) de botella | flaskehals (m) | ['flɑskəˌhals] |

garrafa (f)	karaffel (m)	[ka'rɑfəl]
jarro (m) (~ de agua)	mugge (m/f)	['mʉgə]
recipiente (m)	beholder (m)	[be'hɔlər]
tarro (m)	pott, potte (m)	['pɔt], ['pɔtə]
florero (m)	vase (m)	['vɑsə]

frasco (m) (~ de perfume)	flakong (m)	[fla'kɔŋ]
frasquito (m)	flaske (m/f)	['flɑskə]
tubo (m)	tube (m)	['tʉbə]

saco (m) (~ de azúcar)	sekk (m)	['sɛk]
bolsa (f) (~ plástica)	pose (m)	['pʊsə]
paquete (m) (~ de cigarrillos)	pakke (m/f)	['pakə]

caja (f)	eske (m/f)	['ɛskə]
cajón (m) (~ de madera)	kasse (m/f)	['kasə]
cesta (f)	kurv (m)	['kʉrv]

LOS VERBOS MÁS IMPORTANTES

13. Los verbos más importantes. Unidad 1

abrir (vt)	å åpne	[ɔ 'ɔpnə]
acabar, terminar (vt)	å slutte	[ɔ 'ʂlʉtə]
aconsejar (vt)	å råde	[ɔ 'roːdə]
adivinar (vt)	å gjette	[ɔ 'jɛtə]
advertir (vt)	å varsle	[ɔ 'vaʂlə]
alabarse, jactarse (vr)	å prale	[ɔ 'pralə]

almorzar (vi)	å spise lunsj	[ɔ 'spisə ˌlʉnʂ]
alquilar (~ una casa)	å leie	[ɔ 'læjə]
amenazar (vt)	å true	[ɔ 'trʉə]
arrepentirse (vr)	å beklage	[ɔ be'klagə]
ayudar (vt)	å hjelpe	[ɔ 'jɛlpə]
bañarse (vr)	å bade	[ɔ 'badə]
bromear (vi)	å spøke	[ɔ 'spøkə]
buscar (vt)	å søke ...	[ɔ 'søkə ...]
caer (vi)	å falle	[ɔ 'falə]
callarse (vr)	å tie	[ɔ 'tie]
cambiar (vt)	å endre	[ɔ 'ɛndrə]
castigar, punir (vt)	å straffe	[ɔ 'strafə]
cavar (vt)	å grave	[ɔ 'gravə]
cazar (vi, vt)	å jage	[ɔ 'jagə]
cenar (vi)	å spise middag	[ɔ 'spisə 'miˌda]
cesar (vt)	å slutte	[ɔ 'ʂlʉtə]
coger (vt)	å fange	[ɔ 'faŋə]
comenzar (vt)	å begynne	[ɔ be'jinə]

comparar (vt)	å sammenlikne	[ɔ 'samənˌliknə]
comprender (vt)	å forstå	[ɔ fɔ'ʂtɔ]
confiar (vt)	å stole på	[ɔ 'stʉlə pɔ]
confundir (vt)	å forveksle	[ɔ fɔr'vɛkʂlə]
conocer (~ a alguien)	å kjenne	[ɔ 'çɛnə]
contar (vt) (enumerar)	å telle	[ɔ 'tɛlə]

contar con ...	å regne med ...	[ɔ 'rɛjnə me ...]
continuar (vt)	å fortsette	[ɔ 'fɔrtˌsɛtə]
controlar (vt)	å kontrollere	[ɔ kʉntrɔ'lerə]
correr (vi)	å løpe	[ɔ 'løpə]
costar (vt)	å koste	[ɔ 'kɔstə]
crear (vt)	å opprette	[ɔ 'ɔpˌrɛtə]

14. Los verbos más importantes. Unidad 2

dar (vt)	å gi	[ɔ 'ji]
dar una pista	å gi et vink	[ɔ 'ji et 'vink]

decir (vt)	å si	[ɔ 'si]
decorar (para la fiesta)	å pryde	[ɔ 'prydə]
defender (vt)	å forsvare	[ɔ fɔ'ʂvarə]
dejar caer	å tappe	[ɔ 'tapə]
desayunar (vi)	å spise frokost	[ɔ 'spisə ˌfrʊkɔst]
descender (vi)	å gå ned	[ɔ 'gɔ ne]
dirigir (administrar)	å styre, å lede	[ɔ 'styrə], [ɔ 'ledə]
disculpar (vt)	å unnskylde	[ɔ 'ʉnˌʂylə]
disculparse (vr)	å unnskylde seg	[ɔ 'ʉnˌʂylə sæj]
discutir (vt)	å diskutere	[ɔ diskʉ'terə]
dudar (vt)	å tvile	[ɔ 'tvilə]
encontrar (hallar)	å finne	[ɔ 'finə]
engañar (vi, vt)	å fuske	[ɔ 'fʉskə]
entrar (vi)	å komme inn	[ɔ 'kɔmə in]
enviar (vt)	å sende	[ɔ 'sɛnə]
equivocarse (vr)	å gjøre feil	[ɔ 'jørə ˌfæjl]
escoger (vt)	å velge	[ɔ 'vɛlgə]
esconder (vt)	å gjemme	[ɔ 'jɛmə]
escribir (vt)	å skrive	[ɔ 'skrivə]
esperar (aguardar)	å vente	[ɔ 'vɛntə]
esperar (tener esperanza)	å håpe	[ɔ 'hoːpə]
estar de acuerdo	å samtykke	[ɔ 'samˌtʏkə]
estudiar (vt)	å studere	[ɔ stʉ'derə]
exigir (vt)	å kreve	[ɔ 'krevə]
existir (vi)	å eksistere	[ɔ ɛksi'sterə]
explicar (vt)	å forklare	[ɔ fɔr'klarə]
faltar (a las clases)	å skulke	[ɔ 'skʉlkə]
firmar (~ el contrato)	å underskrive	[ɔ 'ʉnəˌskrivə]
girar (~ a la izquierda)	å svinge	[ɔ 'sviŋə]
gritar (vi)	å skrike	[ɔ 'skrikə]
guardar (conservar)	å beholde	[ɔ be'hɔlə]
gustar (vi)	å like	[ɔ 'likə]
hablar (vi, vt)	å tale	[ɔ 'talə]
hacer (vt)	å gjøre	[ɔ 'jørə]
informar (vt)	å informere	[ɔ infɔr'merə]
insistir (vi)	å insistere	[ɔ insi'sterə]
insultar (vt)	å fornærme	[ɔ fɔː'nærmə]
interesarse (vr)	å interessere seg	[ɔ intərə'serə sæj]
invitar (vt)	å innby, å invitere	[ɔ 'inby], [ɔ invi'terə]
ir (a pie)	å gå	[ɔ 'gɔ]
jugar (divertirse)	å leke	[ɔ 'lekə]

15. Los verbos más importantes. Unidad 3

leer (vi, vt)	å lese	[ɔ 'lesə]
liberar (ciudad, etc.)	å befri	[ɔ be'fri]

llamar (por ayuda)	å tilkalle	[ɔ 'tilˌkalə]
llegar (vi)	å ankomme	[ɔ 'anˌkɔmə]
llorar (vi)	å gråte	[ɔ 'gro:tə]
matar (vt)	å døde, å myrde	[ɔ 'dødə], [ɔ 'mʏːdə]
mencionar (vt)	å omtale, å nevne	[ɔ 'ɔmˌtalə], [ɔ 'nɛvnə]
mostrar (vt)	å vise	[ɔ 'visə]
nadar (vi)	å svømme	[ɔ 'svœmə]
negarse (vr)	å vegre seg	[ɔ 'vɛgrə sæj]
objetar (vt)	å innvende	[ɔ 'inˌvɛnə]
observar (vt)	å observere	[ɔ ɔbsɛr'verə]
oír (vt)	å høre	[ɔ 'hørə]
olvidar (vt)	å glemme	[ɔ 'glemə]
orar (vi)	å be	[ɔ 'be]
ordenar (mil.)	å beordre	[ɔ be'ɔrdrə]
pagar (vi, vt)	å betale	[ɔ be'talə]
pararse (vr)	å stoppe	[ɔ 'stɔpə]
participar (vi)	å delta	[ɔ 'dɛlta]
pedir (ayuda, etc.)	å be	[ɔ 'be]
pedir (en restaurante)	å bestille	[ɔ be'stilə]
pensar (vi, vt)	å tenke	[ɔ 'tɛnkə]
percibir (ver)	å bemerke	[ɔ be'mærkə]
perdonar (vt)	å tilgi	[ɔ 'tilˌji]
permitir (vt)	å tillate	[ɔ 'tiˌlatə]
pertenecer a ...	å tilhøre ...	[ɔ 'tilˌhørə ...]
planear (vt)	å planlegge	[ɔ 'planˌlegə]
poder (v aux)	å kunne	[ɔ 'kʉnə]
poseer (vt)	å besidde, å eie	[ɔ bɛ'sidə], [ɔ 'æjə]
preferir (vt)	å foretrekke	[ɔ 'forəˌtrɛkə]
preguntar (vt)	å spørre	[ɔ 'spørə]
preparar (la cena)	å lage	[ɔ 'lagə]
prever (vt)	å forutse	[ɔ 'forʉtˌsə]
probar, tentar (vt)	å prøve	[ɔ 'prøvə]
prometer (vt)	å love	[ɔ 'lɔvə]
pronunciar (vt)	å uttale	[ɔ 'ʉtˌtalə]
proponer (vt)	å foreslå	[ɔ 'forəˌslɔ]
quebrar (vt)	å bryte	[ɔ 'brytə]
quejarse (vr)	å klage	[ɔ 'klagə]
querer (amar)	å elske	[ɔ 'ɛlskə]
querer (desear)	å ville	[ɔ 'vilə]

16. Los verbos más importantes. Unidad 4

recomendar (vt)	å anbefale	[ɔ 'anbeˌfalə]
regañar, reprender (vt)	å skjelle	[ɔ 'sɛːlə]
reírse (vr)	å le, å skratte	[ɔ 'le], [ɔ 'skratə]
repetir (vt)	å gjenta	[ɔ 'jɛnta]

reservar (~ una mesa)	å reservere	[ɔ resɛr'verə]
responder (vi, vt)	å svare	[ɔ 'svɑrə]
robar (vt)	å stjele	[ɔ 'stjelə]
saber (~ algo mas)	å vite	[ɔ 'vitə]
salir (vi)	å gå ut	[ɔ 'gɔ ʉt]
salvar (vt)	å redde	[ɔ 'rɛdə]
seguir ...	å følge etter ...	[ɔ 'følə 'ɛtər ...]
sentarse (vr)	å sette seg	[ɔ 'sɛtə sæj]
ser necesario	å være behøv	[ɔ 'værə bə'høv]
ser, estar (vi)	å være	[ɔ 'værə]
significar (vt)	å bety	[ɔ 'bety]
sonreír (vi)	å smile	[ɔ 'smilə]
sorprenderse (vr)	å bli forundret	[ɔ 'bli fɔ'rʉndrət]
subestimar (vt)	å undervurdere	[ɔ 'ʉnərvʉː ˌderə]
tener (vt)	å ha	[ɔ 'hɑ]
tener hambre	å være sulten	[ɔ 'værə 'sʉltən]
tener miedo	å frykte	[ɔ 'frʏktə]
tener prisa	å skynde seg	[ɔ 'ʂynə sæj]
tener sed	å være tørst	[ɔ 'værə 'tœʂt]
tirar, disparar (vi)	å skyte	[ɔ 'ʂytə]
tocar (con las manos)	å røre	[ɔ 'rørə]
tomar (vt)	å ta	[ɔ 'tɑ]
tomar nota	å skrive ned	[ɔ 'skrivə ne]
trabajar (vi)	å arbeide	[ɔ 'ɑrˌbæjdə]
traducir (vt)	å oversette	[ɔ 'ɔvəˌsɛtə]
unir (vt)	å forene	[ɔ fɔ'renə]
vender (vt)	å selge	[ɔ 'sɛlə]
ver (vt)	å se	[ɔ 'se]
volar (pájaro, avión)	å fly	[ɔ 'fly]

LA HORA. EL CALENDARIO

17. Los días de la semana

lunes (m)	mandag (m)	['man,da]
martes (m)	tirsdag (m)	['tiʂ,da]
miércoles (m)	onsdag (m)	['ʊns,da]
jueves (m)	torsdag (m)	['toʂ,da]
viernes (m)	fredag (m)	['frɛ,da]
sábado (m)	lørdag (m)	['lør,da]
domingo (m)	søndag (m)	['søn,da]
hoy (adv)	i dag	[i 'da]
mañana (adv)	i morgen	[i 'mɔ:ən]
pasado mañana	i overmorgen	[i 'ɔvər,mɔ:ən]
ayer (adv)	i går	[i 'gɔr]
anteayer (adv)	i forgårs	[i 'fɔr,gɔʂ]
día (m)	dag (m)	['da]
día (m) de trabajo	arbeidsdag (m)	['arbæjds,da]
día (m) de fiesta	festdag (m)	['fɛst,da]
día (m) de descanso	fridag (m)	['fri,da]
fin (m) de semana	ukeslutt (m), helg (f)	['ʉkə,slʉt], ['hɛlg]
todo el día	hele dagen	['helə 'dagən]
al día siguiente	neste dag	['nɛstə ,da]
dos días atrás	for to dager siden	[for tʉ 'dagər ,sidən]
en vísperas (adv)	dagen før	['dagən 'før]
diario (adj)	daglig	['dagli]
cada día (adv)	hver dag	['vɛr da]
semana (f)	uke (m/f)	['ʉkə]
semana (f) pasada	siste uke	['sistə 'ʉkə]
semana (f) que viene	i neste uke	[i 'nɛstə 'ʉkə]
semanal (adj)	ukentlig	['ʉkəntli]
cada semana (adv)	hver uke	['vɛr 'ʉkə]
2 veces por semana	to ganger per uke	['tʉ 'gaŋər per 'ʉkə]
todos los martes	hver tirsdag	['vɛr 'tiʂda]

18. Las horas. El día y la noche

mañana (f)	morgen (m)	['mɔ:ən]
por la mañana	om morgenen	[om 'mɔ:enən]
mediodía (m)	middag (m)	['mi,da]
por la tarde	om ettermiddagen	[om 'ɛtər,midagən]
noche (f)	kveld (m)	['kvɛl]
por la noche	om kvelden	[om 'kvɛlən]

noche (f) (p.ej. 2:00 a.m.)	natt (m/f)	['nat]
por la noche	om natta	[ɔm 'nata]
medianoche (f)	midnatt (m/f)	['mid,nat]

segundo (m)	sekund (m/n)	[se'kʉn]
minuto (m)	minutt (n)	[mi'nʉt]
hora (f)	time (m)	['timə]
media hora (f)	halvtime (m)	['hal,timə]
cuarto (m) de hora	kvarter (n)	[kvaːʈer]
quince minutos	femten minutter	['fɛmtən mi'nʉtər]
veinticuatro horas	døgn (n)	['døjn]

salida (f) del sol	soloppgang (m)	['sʊlɔp,gaŋ]
amanecer (m)	daggry (n)	['dag,gry]
madrugada (f)	tidlig morgen (m)	['tili 'mɔːən]
puesta (f) del sol	solnedgang (m)	['sʊlned,gaŋ]

de madrugada	tidlig om morgenen	['tili ɔm 'mɔːenən]
esta mañana	i morges	[i 'mɔrəs]
mañana por la mañana	i morgen tidlig	[i 'mɔːən 'tili]

esta tarde	i formiddag	[i 'fɔrmi,da]
por la tarde	om ettermiddagen	[ɔm 'ɛtər,midagən]
mañana por la tarde	i morgen ettermiddag	[i 'mɔːən 'ɛtər,mida]

esta noche (p.ej. 8:00 p.m.)	i kveld	[i 'kvɛl]
mañana por la noche	i morgen kveld	[i 'mɔːən ,kvɛl]

a las tres en punto	presis klokka tre	[prɛ'sis 'klɔka tre]
a eso de las cuatro	ved fire-tiden	[ve 'fire ,tidən]
para las doce	innen klokken tolv	['inən 'klɔkən tɔl]

dentro de veinte minutos	om tjue minutter	[ɔm 'çʉe mi'nʉtər]
dentro de una hora	om en time	[ɔm en 'timə]
a tiempo (adv)	i tide	[i 'tidə]

… menos cuarto	kvart på …	['kvaːʈ pɔ …]
durante una hora	innen en time	['inən en 'timə]
cada quince minutos	hvert kvarter	['vɛːʈ kvaːʈer]
día y noche	døgnet rundt	['døjne ,rʉnt]

19. Los meses. Las estaciones

enero (m)	januar (m)	['janʉ,ar]
febrero (m)	februar (m)	['febrʉ,ar]
marzo (m)	mars (m)	['maʂ]
abril (m)	april (m)	[a'pril]
mayo (m)	mai (m)	['maj]
junio (m)	juni (m)	['jʉni]

julio (m)	juli (m)	['jʉli]
agosto (m)	august (m)	[aʊ'gʉst]
septiembre (m)	september (m)	[sep'tɛmbər]
octubre (m)	oktober (m)	[ɔk'tʊbər]

| noviembre (m) | november (m) | [nʊ'vɛmbər] |
| diciembre (m) | desember (m) | [de'sɛmbər] |

primavera (f)	vår (m)	['vɔːr]
en primavera	om våren	[ɔm 'voːrən]
de primavera (adj)	vår-, vårlig	['vɔːr-], ['vɔːli]

verano (m)	sommer (m)	['sɔmər]
en verano	om sommeren	[ɔm 'sɔmerən]
de verano (adj)	sommer-	['sɔmər-]

otoño (m)	høst (m)	['høst]
en otoño	om høsten	[ɔm 'høstən]
de otoño (adj)	høst-, høstlig	['høst-], ['høstli]

invierno (m)	vinter (m)	['vintər]
en invierno	om vinteren	[ɔm 'vinterən]
de invierno (adj)	vinter-	['vintər-]

mes (m)	måned (m)	['moːnət]
este mes	denne måneden	['dɛnə 'moːnedən]
al mes siguiente	neste måned	['nɛstə 'moːnət]
el mes pasado	forrige måned	['foriə ˌmoːnət]

hace un mes	for en måned siden	[for en 'moːnət ˌsidən]
dentro de un mes	om en måned	[ɔm en 'moːnət]
dentro de dos meses	om to måneder	[ɔm 'tʊ 'moːnedər]
todo el mes	en hel måned	[en 'hel 'moːnət]
todo un mes	hele måned	['helə 'moːnət]

mensual (adj)	månedlig	['moːnədli]
mensualmente (adv)	månedligt	['moːnedlət]
cada mes	hver måned	[ˌvɛr 'moːnət]
dos veces por mes	to ganger per måned	['tʊ 'gaŋər per 'moːnət]

año (m)	år (n)	['ɔr]
este año	i år	[i 'oːr]
el próximo año	neste år	['nɛstə ˌoːr]
el año pasado	i fjor	[i 'fjor]

hace un año	for et år siden	[for et 'oːr ˌsidən]
dentro de un año	om et år	[ɔm et 'oːr]
dentro de dos años	om to år	[ɔm 'tʊ 'oːr]
todo el año	hele året	['helə 'oːre]
todo un año	hele året	['helə 'oːre]

cada año	hvert år	['vɛːt̯ 'oːr]
anual (adj)	årlig	['oːli]
anualmente (adv)	årlig, hvert år	['oːli], ['vɛːt̯ 'ɔr]
cuatro veces por año	fire ganger per år	['fire 'gaŋər per 'oːr]

fecha (f) (la ~ de hoy es ...)	dato (m)	['datʊ]
fecha (f) (~ de entrega)	dato (m)	['datʊ]
calendario (m)	kalender (m)	[ka'lendər]
medio año (m)	halvår (n)	['halˌoːr]
seis meses	halvår (n)	['halˌoːr]

estación (f)	**årstid** (m/f)	['oːʂˌtid]
siglo (m)	**århundre** (n)	['ɔrˌhʉndrə]

EL VIAJE. EL HOTEL

20. El viaje. Viajar

turismo (m)	turisme (m)	[tʉ'rismə]
turista (m)	turist (m)	[tʉ'rist]
viaje (m)	reise (m/f)	['ræjsə]
aventura (f)	eventyr (n)	['ɛvənˌtyr]
viaje (m)	tripp (m)	['trip]
vacaciones (f pl)	ferie (m)	['fɛriə]
estar de vacaciones	å være på ferie	[ɔ 'værə pɔ 'fɛriə]
descanso (m)	hvile (m/f)	['vilə]
tren (m)	tog (n)	['tɔg]
en tren	med tog	[me 'tɔg]
avión (m)	fly (n)	['fly]
en avión	med fly	[me 'fly]
en coche	med bil	[me 'bil]
en barco	med skip	[me 'ṣip]
equipaje (m)	bagasje (m)	[bɑ'gɑṣə]
maleta (f)	koffert (m)	['kʉfɛːt]
carrito (m) de equipaje	bagasjetralle (m/f)	[bɑ'gɑṣəˌtrɑlə]
pasaporte (m)	pass (n)	['pɑs]
visado (m)	visum (n)	['visʉm]
billete (m)	billett (m)	[bi'let]
billete (m) de avión	flybillett (m)	['fly bi'let]
guía (f) (libro)	reisehåndbok (m/f)	['ræjsəˌhɔnbʉk]
mapa (m)	kart (n)	['kɑːt]
área (m) (~ rural)	område (n)	['ɔmˌroːdə]
lugar (m)	sted (n)	['sted]
exótico (adj)	eksotisk	[ɛk'sʉtisk]
asombroso (adj)	forunderlig	[fɔ'rʉndeːli̯]
grupo (m)	gruppe (m)	['grʉpə]
excursión (f)	utflukt (m/f)	['ʉtˌflʉkt]
guía (m) (persona)	guide (m)	['gɑjd]

21. El hotel

hotel (m)	hotell (n)	[hʉ'tɛl]
motel (m)	motell (n)	[mʉ'tɛl]
de tres estrellas	trestjernet	['treˌstjæːŋə]
de cinco estrellas	femstjernet	['fɛmˌstjæːŋə]

hospedarse (vr)	å bo	[ɔ 'bʊ]
habitación (f)	rom (n)	['rʊm]
habitación (f) individual	enkeltrom (n)	['ɛnkelt,rʊm]
habitación (f) doble	dobbeltrom (n)	['dɔbəlt,rʊm]
reservar una habitación	å reservere rom	[ɔ resɛr'verə 'rʊm]
media pensión (f)	halvpensjon (m)	['hal pan,ʂʊn]
pensión (f) completa	fullpensjon (m)	['fʉl pan,ʂʊn]
con baño	med badekar	[me 'badə,kar]
con ducha	med dusj	[me 'dʉʂ]
televisión (f) satélite	satellitt-TV (m)	[satɛ'lit 'tɛvɛ]
climatizador (m)	klimaanlegg (n)	['klima'an,leg]
toalla (f)	håndkle (n)	['hɔn,kle]
llave (f)	nøkkel (m)	['nøkəl]
administrador (m)	administrator (m)	[admini'strɑːtʊr]
camarera (f)	stuepike (m/f)	['stʉə,pikə]
maletero (m)	pikkolo (m)	['pikɔlɔ]
portero (m)	portier (m)	[pɔːˈtje]
restaurante (m)	restaurant (m)	[rɛstʊ'raŋ]
bar (m)	bar (m)	['bar]
desayuno (m)	frokost (m)	['frʊkɔst]
cena (f)	middag (m)	['mi,da]
buffet (m) libre	buffet (m)	[bʉ'fɛ]
vestíbulo (m)	hall, lobby (m)	['hal], ['lɔbi]
ascensor (m)	heis (m)	['hæjs]
NO MOLESTAR	VENNLIGST IKKE FORSTYRR!	['vɛnligt ikə fɔ'ʂtyr]
PROHIBIDO FUMAR	RØYKING FORBUDT	['røjkiŋ fɔr'bʉt]

22. La exploración del paisaje

monumento (m)	monument (n)	[monʉ'mɛnt]
fortaleza (f)	festning (m/f)	['fɛstniŋ]
palacio (m)	palass (n)	[pa'las]
castillo (m)	borg (m)	['bɔrg]
torre (f)	tårn (n)	['tɔːn]
mausoleo (m)	mausoleum (n)	[maʊsʊ'leum]
arquitectura (f)	arkitektur (m)	[arkitɛk'tʉr]
medieval (adj)	middelalderlig	['midəl,aldɛ:[i]
antiguo (adj)	gammel	['gaməl]
nacional (adj)	nasjonal	[naʂʊ'nal]
conocido (adj)	kjent	['çɛnt]
turista (m)	turist (m)	[tʉ'rist]
guía (m) (persona)	guide (m)	['gajd]
excursión (f)	utflukt (m/f)	['ʉt,flʉkt]
mostrar (vt)	å vise	[ɔ 'visə]
contar (una historia)	å fortelle	[ɔ fɔː'tɛlə]

encontrar (hallar)	å finne	[ɔ 'finə]
perderse (vr)	å gå seg bort	[ɔ 'gɔ sæj 'buː\t]
plano (m) (~ de metro)	kart, linjekart (n)	['kɑː\t], ['linjə'kɑː\t]
mapa (m) (~ de la ciudad)	kart (n)	['kɑː\t]

recuerdo (m)	suvenir (m)	[sʉve'nir]
tienda (f) de regalos	suvenirbutikk (m)	[sʉve'nir bʉ'tik]
hacer fotos	å fotografere	[ɔ fotɔgrɑ'ferə]
fotografiarse (vr)	å bli fotografert	[ɔ 'bli fotɔgrɑ'fɛː\t]

EL TRANSPORTE

23. El aeropuerto

aeropuerto (m)	flyplass (m)	['fly,plɑs]
avión (m)	fly (n)	['fly]
compañía (f) aérea	flyselskap (n)	['flysəl,skɑp]
controlador (m) aéreo	flygeleder (m)	['flygə,ledər]
despegue (m)	avgang (m)	['ɑv,gɑŋ]
llegada (f)	ankomst (m)	['ɑn,kɔmst]
llegar (en avión)	å ankomme	[ɔ 'ɑn,kɔmə]
hora (f) de salida	avgangstid (m/f)	['ɑvgɑŋs,tid]
hora (f) de llegada	ankomsttid (m/f)	[ɑn'kɔms,tid]
retrasarse (vr)	å bli forsinket	[ɔ 'bli fɔ'ʂinkət]
retraso (m) de vuelo	avgangsforsinkelse (m)	['ɑvgɑŋs fɔ'ʂinkəlsə]
pantalla (f) de información	informasjonstavle (m/f)	[infɔrmɑ'ʂʊns ,tɑvlə]
información (f)	informasjon (m)	[infɔrmɑ'ʂʊn]
anunciar (vt)	å meddele	[ɔ 'mɛd,delə]
vuelo (m)	fly (n)	['fly]
aduana (f)	toll (m)	['tɔl]
aduanero (m)	tollbetjent (m)	['tɔlbe,tjɛnt]
declaración (f) de aduana	tolldeklarasjon (m)	['tɔldɛklɑrɑ'ʂʊn]
rellenar (vt)	å utfylle	[ɔ 'ʉt,fylə]
rellenar la declaración	å utfylle en tolldeklarasjon	[ɔ 'ʉt,fylə en 'tɔldɛklɑrɑ,ʂʊn]
control (m) de pasaportes	passkontroll (m)	['pɑskʊn,trɔl]
equipaje (m)	bagasje (m)	[bɑ'gɑʂə]
equipaje (m) de mano	håndbagasje (m)	['hɔn,bɑ'gɑʂə]
carrito (m) de equipaje	bagasjetralle (m/f)	[bɑ'gɑʂə,trɑlə]
aterrizaje (m)	landing (m)	['lɑniŋ]
pista (f) de aterrizaje	landingsbane (m)	['lɑniŋs,bɑnə]
aterrizar (vi)	å lande	[ɔ 'lɑnə]
escaleras (f pl) (de avión)	trapp (m/f)	['trɑp]
facturación (f) (check-in)	innsjekking (m/f)	['in,ʂɛkiŋ]
mostrador (m) de facturación	innsjekkingsskranke (m)	['in,ʂɛkiŋs ,skrɑnkə]
hacer el check-in	å sjekke inn	[ɔ 'ʂɛkə in]
tarjeta (f) de embarque	boardingkort (n)	['bɔ:diŋ,kɔ:t]
puerta (f) de embarque	gate (m/f)	['gejt]
tránsito (m)	transitt (m)	[trɑn'sit]
esperar (aguardar)	å vente	[ɔ 'vɛntə]
zona (f) de preembarque	ventehall (m)	['vɛntə,hɑl]

| despedir (vt) | å ta avskjed | [ɔ 'ta 'afˌsɛd] |
| despedirse (vr) | å si farvel | [ɔ 'si far'vɛl] |

24. El avión

avión (m)	fly (n)	['fly]
billete (m) de avión	flybillett (m)	['fly bi'let]
compañía (f) aérea	flyselskap (n)	['flysəlˌskap]
aeropuerto (m)	flyplass (m)	['flyˌplas]
supersónico (adj)	overlyds-	['ɔvəˌlyds-]

comandante (m)	kaptein (m)	[kap'tæjn]
tripulación (f)	besetning (m/f)	[be'sɛtniŋ]
piloto (m)	pilot (m)	[pi'lɔt]
azafata (f)	flyvertinne (m/f)	[flyvɛ:'ţinə]
navegador (m)	styrmann (m)	['styrˌman]

alas (f pl)	vinger (m pl)	['viŋər]
cola (f)	hale (m)	['halə]
cabina (f)	cockpit, førerkabin (m)	['kɔkpit], ['førərkaˌbin]
motor (m)	motor (m)	['mɔtʉr]
tren (m) de aterrizaje	landingshjul (n)	['laniŋsˌjʉl]
turbina (f)	turbin (m)	[tʉr'bin]
hélice (f)	propell (m)	[prʉ'pɛl]
caja (f) negra	svart boks (m)	['sva:ţ bɔks]
timón (m)	ratt (n)	['rat]
combustible (m)	brensel (n)	['brɛnsəl]

instructivo (m) de seguridad	sikkerhetsbrosjyre (m)	['sikərhɛtsˌbrɔ'syrə]
respirador (m) de oxígeno	oksygenmaske (m/f)	['ɔksygənˌmaskə]
uniforme (m)	uniform (m)	[ʉni'fɔrm]
chaleco (m) salvavidas	redningsvest (m)	['rɛdniŋsˌvɛst]
paracaídas (m)	fallskjerm (m)	['falˌsærm]
despegue (m)	start (m)	['sta:ţ]
despegar (vi)	å løfte	[ɔ 'lœftə]
pista (f) de despegue	startbane (m)	['sta:ţˌbanə]

visibilidad (f)	siktbarhet (m)	['siktbarˌhet]
vuelo (m)	flyging (m/f)	['flygiŋ]
altura (f)	høyde (m)	['højdə]
pozo (m) de aire	lufthull (n)	['lʉftˌhʉl]

asiento (m)	plass (m)	['plas]
auriculares (m pl)	hodetelefoner (n pl)	['hɔdəteləˌfʉnər]
mesita (f) plegable	klappbord (n)	['klapˌbʉr]
ventana (f)	vindu (n)	['vindʉ]
pasillo (m)	midtgang (m)	['mitˌgaŋ]

25. El tren

| tren (m) | tog (n) | ['tɔg] |
| tren (m) eléctrico | lokaltog (n) | [lɔ'kalˌtɔg] |

tren (m) rápido	ekspresstog (n)	[ɛks'prɛsˌtog]
locomotora (f) diésel	diesellokomotiv (n)	['disəl lʊkɔmɔ'tiv]
tren (m) de vapor	damplokomotiv (n)	['damp lʊkɔmɔ'tiv]

| coche (m) | vogn (m) | ['vɔŋn] |
| coche (m) restaurante | restaurantvogn (m/f) | [rɛstʊ'raŋˌvɔŋn] |

rieles (m pl)	skinner (m/f pl)	['şinər]
ferrocarril (m)	jernbane (m)	['jæːɳˌbanə]
traviesa (f)	sville (m/f)	['svilə]

plataforma (f)	perrong, plattform (m/f)	[pɛ'rɔn], ['platfɔrm]
vía (f)	spor (n)	['spʊr]
semáforo (m)	semafor (m)	[sema'fʊr]
estación (f)	stasjon (m)	[sta'şʊn]

maquinista (m)	lokfører (m)	['lʊkˌførər]
maletero (m)	bærer (m)	['bærər]
mozo (m) del vagón	betjent (m)	['be'tjɛnt]
pasajero (m)	passasjer (m)	[pasa'şɛr]
revisor (m)	billett inspektør (m)	[bi'let inspɛk'tør]

corredor (m)	korridor (m)	[kʊri'dɔr]
freno (m) de urgencia	nødbrems (m)	['nødˌbrɛms]
compartimiento (m)	kupé (m)	[kʉ'pe]
litera (f)	køye (m/f)	['køjə]
litera (f) de arriba	overkøye (m/f)	['ɔvərˌkøjə]
litera (f) de abajo	underkøye (m/f)	['ʉnərˌkøjə]
ropa (f) de cama	sengetøy (n)	['sɛŋəˌtøj]

billete (m)	billett (m)	[bi'let]
horario (m)	rutetabell (m)	['rʉtəˌta'bɛl]
pantalla (f) de información	informasjonstavle (m/f)	[infɔrma'şʊns ˌtavlə]

partir (vi)	å avgå	[ɔ 'avgɔ]
partida (f) (del tren)	avgang (m)	['avˌgaŋ]
llegar (tren)	å ankomme	[ɔ 'anˌkɔmə]
llegada (f)	ankomst (m)	['anˌkɔmst]

llegar en tren	å ankomme med toget	[ɔ 'anˌkɔmə me 'tɔge]
tomar el tren	å gå på toget	[ɔ 'gɔ pɔ 'tɔge]
bajar del tren	å gå av toget	[ɔ 'gɔ aː 'tɔge]

descarrilamiento (m)	togulykke (m/n)	['tɔg ʉ'lʏkə]
descarrilarse (vr)	å spore av	[ɔ 'spʊrə aː]
tren (m) de vapor	damplokomotiv (n)	['damp lʊkɔmɔ'tiv]
fogonero (m)	fyrbøter (m)	['fyrˌbøtər]
hogar (m)	fyrrom (n)	['fyrˌrʊm]
carbón (m)	kull (n)	['kʉl]

26. El barco

| buque (m) | skip (n) | ['şip] |
| navío (m) | fartøy (n) | ['faːˌtøj] |

buque (m) de vapor	dampskip (n)	['damp,ʂip]
motonave (m)	elvebåt (m)	['ɛlvə,bɔt]
trasatlántico (m)	cruiseskip (n)	['krʉs,ʂip]
crucero (m)	krysser (m)	['krʏsər]
yate (m)	jakt (m/f)	['jakt]
remolcador (m)	bukserbåt (m)	[bʉk'ser,bɔt]
barcaza (f)	lastepram (m)	['lastə,pram]
ferry (m)	ferje, ferge (m/f)	['færjə], ['færgə]
velero (m)	seilbåt (n)	['sæjl,bɔt]
bergantín (m)	brigantin (m)	[brigan'tin]
rompehielos (m)	isbryter (m)	['is,brytər]
submarino (m)	ubåt (m)	['ʉ:,bɔt]
bote (m) de remo	båt (m)	['bɔt]
bote (m)	jolle (m/f)	['jolə]
bote (m) salvavidas	livbåt (m)	['liv,bɔt]
lancha (f) motora	motorbåt (m)	['motʉr,bɔt]
capitán (m)	kaptein (m)	[kap'tæjn]
marinero (m)	matros (m)	[ma'trʊs]
marino (m)	sjømann (m)	['ʂø,man]
tripulación (f)	besetning (m/f)	[be'sɛtniŋ]
contramaestre (m)	båtsmann (m)	['bɔs,man]
grumete (m)	skipsgutt, jungmann (m)	['ʂips,gʉt], ['jʉŋ,man]
cocinero (m) de abordo	kokk (m)	['kʊk]
médico (m) del buque	skipslege (m)	['ʂips,legə]
cubierta (f)	dekk (n)	['dɛk]
mástil (m)	mast (m/f)	['mast]
vela (f)	seil (n)	['sæjl]
bodega (f)	lasterom (n)	['lastə,rʊm]
proa (f)	baug (m)	['bæu]
popa (f)	akterende (m)	['aktə,rɛnə]
remo (m)	åre (m)	['o:rə]
hélice (f)	propell (m)	[prʉ'pɛl]
camarote (m)	hytte (m)	['hʏte]
sala (f) de oficiales	offisersmesse (m/f)	[ofi'sɛrs,mɛsə]
sala (f) de máquinas	maskinrom (n)	[ma'ʂin,rʊm]
puente (m) de mando	kommandobro (m/f)	[ko'mandʉ,brʉ]
sala (f) de radio	radiorom (m)	['radiʉ,rʊm]
onda (f)	bølge (m)	['bølgə]
cuaderno (m) de bitácora	loggbok (m/f)	['log,bʊk]
anteojo (m)	langkikkert (m)	['laŋ,kike:t]
campana (f)	klokke (m/f)	['klokə]
bandera (f)	flagg (n)	['flag]
cabo (m) (maroma)	trosse (m/f)	['trʊsə]
nudo (m)	knute (m)	['knʉtə]
pasamano (m)	rekkverk (n)	['rɛk,værk]

pasarela (f)	landgang (m)	['lɑnˌgɑŋ]
ancla (f)	anker (n)	['ɑnkər]
levar ancla	å lette anker	[ɔ 'letə 'ɑnkər]
echar ancla	å kaste anker	[ɔ 'kɑstə 'ɑnkər]
cadena (f) del ancla	ankerkjetting (m)	['ɑnkərˌçɛtiŋ]
puerto (m)	havn (m/f)	['hɑvn]
embarcadero (m)	kai (m/f)	['kɑj]
amarrar (vt)	å fortøye	[ɔ fɔ:'tøjə]
desamarrar (vt)	å kaste loss	[ɔ 'kɑstə lɔs]
viaje (m)	reise (m/f)	['ræjsə]
crucero (m) (viaje)	cruise (n)	['krʉs]
derrota (f) (rumbo)	kurs (m)	['kʉʂ]
itinerario (m)	rute (m/f)	['rʉtə]
canal (m) navegable	seilrende (m)	['sæjlˌrɛnə]
bajío (m)	grunne (m/f)	['grʉnə]
encallar (vi)	å gå på grunn	[ɔ 'gɔ pɔ 'grʉn]
tempestad (f)	storm (m)	['stɔrm]
señal (f)	signal (n)	[siŋ'nɑl]
hundirse (vr)	å synke	[ɔ 'sʏnkə]
¡Hombre al agua!	Mann over bord!	['mɑn ˌɔvər 'bʉr]
SOS	SOS (n)	[ɛsʉ'ɛs]
aro (m) salvavidas	livbøye (m/f)	['livˌbøjə]

LA CIUDAD

27. El transporte urbano

autobús (m)	buss (m)	['bʉs]
tranvía (m)	trikk (m)	['trik]
trolebús (m)	trolleybuss (m)	['trɔliˌbʉs]
itinerario (m)	rute (m/f)	['rʉtə]
número (m)	nummer (n)	['nʉmər]
ir en …	å kjøre med …	[ɔ 'çœːrə me …]
tomar (~ el autobús)	å gå på …	[ɔ 'gɔ pɔ …]
bajar (~ del tren)	å gå av …	[ɔ 'gɔ ɑː …]
parada (f)	holdeplass (m)	['hɔləˌplas]
próxima parada (f)	neste holdeplass (m)	['nɛstə 'hɔləˌplas]
parada (f) final	endestasjon (m)	['ɛnəˌstaˈʂʉn]
horario (m)	rutetabell (m)	['rʉtəˌtaˈbɛl]
esperar (aguardar)	å vente	[ɔ 'vɛntə]
billete (m)	billett (m)	[biˈlet]
precio (m) del billete	billettpris (m)	[biˈletˌpris]
cajero (m)	kasserer (m)	[kɑˈserər]
control (m) de billetes	billettkontroll (m)	[biˈlet kʉnˌtrɔl]
cobrador (m)	billett inspektør (m)	[biˈlet inspɛkˈtør]
llegar tarde (vi)	å komme for sent	[ɔ 'kɔmə fɔˈʂɛnt]
perder (~ el tren)	å komme for sent til …	[ɔ 'kɔmə fɔˈʂɛnt til …]
tener prisa	å skynde seg	[ɔ 'ʂynə sæj]
taxi (m)	drosje (m/f), taxi (m)	['drɔʂɛ], ['taksi]
taxista (m)	taxisjåfør (m)	['taksi ʂɔˈfør]
en taxi	med taxi	[me 'taksi]
parada (f) de taxi	taxiholdeplass (m)	['taksi 'hɔləˌplas]
llamar un taxi	å taxi bestellen	[ɔ 'taksi beˈstɛlən]
tomar un taxi	å ta taxi	[ɔ 'ta ˌtaksi]
tráfico (m)	trafikk (m)	[trɑˈfik]
atasco (m)	trafikkork (m)	[trɑˈfikˌkɔrk]
horas (f pl) de punta	rushtid (m/f)	['rʉʂˌtid]
aparcar (vi)	å parkere	[ɔ parˈkerə]
aparcar (vt)	å parkere	[ɔ parˈkerə]
aparcamiento (m)	parkeringsplass (m)	[parˈkeriŋsˌplas]
metro (m)	tunnelbane, T-bane (m)	['tʉnəlˌbanə], ['tɛːˌbanə]
estación (f)	stasjon (m)	[stɑˈʂʉn]
ir en el metro	å kjøre med T-bane	[ɔ 'çœːrə me 'tɛːˌbanə]
tren (m)	tog (n)	['tɔg]
estación (f)	togstasjon (m)	['tɔgˌstɑˈʂʉn]

28. La ciudad. La vida en la ciudad

ciudad (f)	by (m)	['by]
capital (f)	hovedstad (m)	['hʊvəd‚stɑd]
aldea (f)	landsby (m)	['lɑns‚by]
plano (m) de la ciudad	bykart (n)	['by‚kɑːt]
centro (m) de la ciudad	sentrum (n)	['sɛntrum]
suburbio (m)	forstad (m)	['fɔ‚stɑd]
suburbano (adj)	forstads-	['fɔ‚stɑds-]
arrabal (m)	utkant (m)	['ʉt‚kɑnt]
afueras (f pl)	omegner (m pl)	['ɔm‚æjnər]
barrio (m)	kvarter (n)	[kvɑːter]
zona (f) de viviendas	boligkvarter (n)	['bʊli‚kvɑːˈter]
tráfico (m)	trafikk (m)	[trɑˈfik]
semáforo (m)	trafikklys (n)	[trɑˈfik‚lys]
transporte (m) urbano	offentlig transport (m)	['ɔfentli trɑnsˈpɔːt]
cruce (m)	veikryss (n)	['væjkrʏs]
paso (m) de peatones	fotgjengerovergang (m)	['fʊtjɛŋər 'ɔvər‚gɑŋ]
paso (m) subterráneo	undergang (m)	['ʉnər‚gɑŋ]
cruzar (vt)	å gå over	[ɔ 'gɔ 'ɔvər]
peatón (m)	fotgjenger (m)	['fʊtjɛŋər]
acera (f)	fortau (n)	['fɔː‚tɑʊ]
puente (m)	bro (m/f)	['brʊ]
muelle (m)	kai (m/f)	['kɑj]
fuente (f)	fontene (m)	['fʊntnə]
alameda (f)	allé (m)	[ɑˈleː]
parque (m)	park (m)	['pɑrk]
bulevar (m)	bulevard (m)	[buleˈvɑr]
plaza (f)	torg (n)	['tɔr]
avenida (f)	aveny (m)	[aveˈny]
calle (f)	gate (m/f)	['gɑtə]
callejón (m)	sidegate (m/f)	['sidə‚gɑtə]
callejón (m) sin salida	blindgate (m/f)	['blin‚gɑtə]
casa (f)	hus (n)	['hʉs]
edificio (m)	bygning (m/f)	['bygniŋ]
rascacielos (m)	skyskraper (m)	['şy‚skrɑpər]
fachada (f)	fasade (m)	[faˈsadə]
techo (m)	tak (n)	['tak]
ventana (f)	vindu (n)	['vindʉ]
arco (m)	bue (m)	['bʉːə]
columna (f)	søyle (m)	['søjlə]
esquina (f)	hjørne (n)	['jœːŋə]
escaparate (f)	utstillingsvindu (n)	['ʉt‚stiliŋs 'vindʉ]
letrero (m) (~ luminoso)	skilt (n)	['şilt]
cartel (m)	plakat (m)	[plaˈkat]
cartel (m) publicitario	reklameplakat (m)	[rɛˈklɑmə‚plaˈkat]

valla (f) publicitaria	reklametavle (m/f)	[rɛ'klamə,tavlə]
basura (f)	søppel (m/f/n), avfall (n)	['sœpəl], ['av,fal]
cajón (m) de basura	søppelkasse (m/f)	['sœpəl,kasə]
tirar basura	å kaste søppel	[ɔ 'kastə 'sœpəl]
basurero (m)	søppelfylling (m/f), deponi (n)	['sœpəl,fʏliŋ], [,depɔ'ni]

cabina (f) telefónica	telefonboks (m)	[tele'fʊn,bɔks]
farola (f)	lyktestolpe (m)	['lʏktə,stɔlpə]
banco (m) (del parque)	benk (m)	['bɛŋk]

policía (m)	politi (m)	[pʊli'ti]
policía (f) (~ nacional)	politi (n)	[pʊli'ti]
mendigo (m)	tigger (m)	['tigər]
persona (f) sin hogar	hjemløs	['jɛm,løs]

29. Las instituciones urbanas

tienda (f)	forretning, butikk (m)	[fɔ'rɛtniŋ], [bʉ'tik]
farmacia (f)	apotek (n)	[apʊ'tek]
óptica (f)	optikk (m)	[ɔp'tik]
centro (m) comercial	kjøpesenter (n)	['çœpə,sɛntər]
supermercado (m)	supermarked (n)	['sʉpə,market]

panadería (f)	bakeri (n)	[bakə'ri]
panadero (m)	baker (m)	['bakər]
pastelería (f)	konditori (n)	[kʊnditɔ'ri]
tienda (f) de comestibles	matbutikk (m)	['matbʉ,tik]
carnicería (f)	slakterbutikk (m)	['ʂlaktəbʉ,tik]

verdulería (f)	grønnsaksbutikk (m)	['grœn,saks bʉ'tik]
mercado (m)	marked (n)	['markəd]

cafetería (f)	kafé, kaffebar (m)	[ka'fe], ['kafə,bar]
restaurante (m)	restaurant (m)	[rɛstʊ'raŋ]
cervecería (f)	pub (m)	['pʉb]
pizzería (f)	pizzeria (m)	[pitsə'ria]

peluquería (f)	frisørsalong (m)	[fri'sør sa,lɔŋ]
oficina (f) de correos	post (m)	['pɔst]
tintorería (f)	renseri (n)	[rɛnse'ri]
estudio (m) fotográfico	fotostudio (n)	['fɔtɔ,stʉdio]

zapatería (f)	skobutikk (m)	['skʊ,bʉ'tik]
librería (f)	bokhandel (m)	['bʊk,handəl]
tienda (f) deportiva	idrettsbutikk (m)	['idrɛts bʉ'tik]

arreglos (m pl) de ropa	reparasjon (m) av klær	[repara'ʂʉn a: ,klær]
alquiler (m) de ropa	leie (m/f) av klær	['læjə a: ,klær]
videoclub (m)	filmutleie (m/f)	['film,ʉt'læjə]

circo (m)	sirkus (m/n)	['sirkʉs]
zoo (m)	zoo, dyrepark (m)	['sʊ:], [dyrə'park]
cine (m)	kino (m)	['çinʊ]
museo (m)	museum (n)	[mʉ'seum]

biblioteca (f)	**bibliotek** (n)	[bibliʉ'tek]
teatro (m)	**teater** (n)	[te'atər]
ópera (f)	**opera** (m)	['ʊpera]
club (m) nocturno	**nattklubb** (m)	['nat‚klʉb]
casino (m)	**kasino** (n)	[ka'sinʉ]
mezquita (f)	**moské** (m)	[mʊ'ske]
sinagoga (f)	**synagoge** (m)	[synɑ'gʊgə]
catedral (f)	**katedral** (m)	[kate'dral]
templo (m)	**tempel** (n)	['tɛmpəl]
iglesia (f)	**kirke** (m/f)	['çirkə]
instituto (m)	**institutt** (n)	[insti'tʉt]
universidad (f)	**universitet** (n)	[ʉnivæʂi'tet]
escuela (f)	**skole** (m/f)	['skʊlə]
prefectura (f)	**prefektur** (n)	[prɛfɛk'tʉr]
alcaldía (f)	**rådhus** (n)	['rɔd‚hʉs]
hotel (m)	**hotell** (n)	[hʊ'tɛl]
banco (m)	**bank** (m)	['bank]
embajada (f)	**ambassade** (m)	[amba'sadə]
agencia (f) de viajes	**reisebyrå** (n)	['ræjsə by‚ro]
oficina (f) de información	**opplysningskontor** (n)	[ɔp'lʏsniŋs kʊn'tʊr]
oficina (f) de cambio	**vekslingskontor** (n)	['vɛkʂliŋs kʊn'tʊr]
metro (m)	**tunnelbane, T-bane** (m)	['tʉnəl‚banə], ['tɛː‚banə]
hospital (m)	**sykehus** (n)	['sykə‚hʉs]
gasolinera (f)	**bensinstasjon** (m)	[bɛn'sin‚sta'ʂʊn]
aparcamiento (m)	**parkeringsplass** (m)	[par'keriŋs‚plas]

30. Los avisos

letrero (m) (~ luminoso)	**skilt** (n)	['ʂilt]
cartel (m) (texto escrito)	**innskrift** (m/f)	['in‚skrift]
pancarta (f)	**plakat, poster** (m)	['pla‚kat], ['pɔstər]
signo (m) de dirección	**veiviser** (m)	['væj‚visər]
flecha (f) (signo)	**pil** (m/f)	['pil]
advertencia (f)	**advarsel** (m)	['ad‚vaʂəl]
aviso (m)	**varselskilt** (n)	['vaʂəl‚ʂilt]
advertir (vt)	**å varsle**	[ɔ 'vaʂlə]
día (m) de descanso	**fridag** (m)	['fri‚da]
horario (m)	**rutetabell** (m)	['rʉtə‚ta'bɛl]
horario (m) de apertura	**åpningstider** (m/f pl)	['ɔpniŋs‚tidər]
¡BIENVENIDOS!	**VELKOMMEN!**	['vɛl‚kɔmən]
ENTRADA	**INNGANG**	['in‚gaŋ]
SALIDA	**UTGANG**	['ʉt‚gaŋ]
EMPUJAR	**SKYV**	['ʂyv]
TIRAR	**TREKK**	['trɛk]

| ABIERTO | ÅPENT | ['ɔpənt] |
| CERRADO | STENGT | ['stɛɲt] |

| MUJERES | DAMER | ['damər] |
| HOMBRES | HERRER | ['hærər] |

REBAJAS	RABATT	[ra'bat]
SALDOS	SALG	['salg]
NOVEDAD	NYTT!	['nʏt]
GRATIS	GRATIS	['gratis]

¡ATENCIÓN!	FORSIKTIG!	[fʊ'ʂiktə]
COMPLETO	INGEN LEDIGE ROM	['iŋən 'lediə rʊm]
RESERVADO	RESERVERT	[resɛr'vɛ:t]

| ADMINISTRACIÓN | ADMINISTRASJON | [administra'ʂʊn] |
| SÓLO PERSONAL AUTORIZADO | KUN FOR ANSATTE | ['kʉn fɔr an'satə] |

CUIDADO CON EL PERRO	VOKT DEM FOR HUNDEN	['vɔkt dem fɔ 'hʉnən]
PROHIBIDO FUMAR	RØYKING FORBUDT	['røjkiŋ fɔr'bʉt]
NO TOCAR	IKKE RØR!	['ikə 'rør]

PELIGROSO	FARLIG	['fɑːli̞]
PELIGRO	FARE	['farə]
ALTA TENSIÓN	HØYSPENNING	['høj‚spɛniŋ]
PROHIBIDO BAÑARSE	BADING FORBUDT	['badiŋ fɔr'bʉt]
NO FUNCIONA	I USTAND	[i 'ʉ‚stan]

INFLAMABLE	BRANNFARLIG	['bran‚fɑːli̞]
PROHIBIDO	FORBUDT	[fɔr'bʉt]
PROHIBIDO EL PASO	INGEN INNKJØRING	['iŋən 'in‚çœriŋ]
RECIÉN PINTADO	NYMALT	['ny‚malt]

31. Las compras

comprar (vt)	å kjøpe	[ɔ 'çœːpə]
compra (f)	innkjøp (n)	['in‚çœp]
hacer compras	å gå shopping	[ɔ 'gɔ ‚ʂopiŋ]
compras (f pl)	shopping (m)	['ʂopiŋ]

| estar abierto (tienda) | å være åpen | [ɔ 'værə 'ɔpən] |
| estar cerrado | å være stengt | [ɔ 'værə 'stɛɲt] |

calzado (m)	skotøy (n)	['skʊtøj]
ropa (f), vestido (m)	klær (n)	['klær]
cosméticos (m pl)	kosmetikk (m)	[kʊsme'tik]
productos alimenticios	matvarer (m/f pl)	['mat‚varər]
regalo (m)	gave (m/f)	['gavə]

vendedor (m)	forselger (m)	[fɔ'ʂɛlər]
vendedora (f)	forselger (m)	[fɔ'ʂɛlər]
caja (f)	kasse (m/f)	['kasə]
espejo (m)	speil (n)	['spæjl]

mostrador (m)	disk (m)	['disk]
probador (m)	prøverom (n)	['prøve͵rʊm]
probar (un vestido)	å prøve	[ɔ 'prøvə]
quedar (una ropa, etc.)	å passe	[ɔ 'pasə]
gustar (vi)	å like	[ɔ 'likə]
precio (m)	pris (m)	['pris]
etiqueta (f) de precio	prislapp (m)	['pris͵lɑp]
costar (vt)	å koste	[ɔ 'kɔstə]
¿Cuánto?	Hvor mye?	[vʊr 'mye]
descuento (m)	rabatt (m)	[ra'bɑt]
no costoso (adj)	billig	['bili]
barato (adj)	billig	['bili]
caro (adj)	dyr	['dyr]
Es caro	Det er dyrt	[de ær 'dy:t]
alquiler (m)	utleie (m/f)	['ʉt͵læje]
alquilar (vt)	å leie	[ɔ 'læjə]
crédito (m)	kreditt (m)	[krɛ'dit]
a crédito (adv)	på kreditt	[pɔ krɛ'dit]

LA ROPA Y LOS ACCESORIOS

32. La ropa exterior. Los abrigos

ropa (f), vestido (m)	klær (n)	['klær]
ropa (f) de calle	yttertøy (n)	['ytə‚tøj]
ropa (f) de invierno	vinterklær (n pl)	['vintər‚klær]
abrigo (m)	frakk (m), kåpe (m/f)	['frɑk], ['ko:pə]
abrigo (m) de piel	pels (m), pelskåpe (m/f)	['pɛls], ['pɛls‚ko:pə]
abrigo (m) corto de piel	pelsjakke (m/f)	['pɛls‚jakə]
plumón (m)	dunjakke (m/f)	['dʉn‚jakə]
cazadora (f)	jakke (m/f)	['jakə]
impermeable (m)	regnfrakk (m)	['ræjn‚frɑk]
impermeable (adj)	vanntett	['vɑn‚tɛt]

33. Ropa de hombre y mujer

camisa (f)	skjorte (m/f)	['sɶ:ʈə]
pantalones (m pl)	bukse (m)	['bʉksə]
jeans, vaqueros (m pl)	jeans (m)	['dʒins]
chaqueta (f), saco (m)	dressjakke (m/f)	['drɛs‚jakə]
traje (m)	dress (m)	['drɛs]
vestido (m)	kjole (m)	['çulə]
falda (f)	skjørt (n)	['sø:ʈ]
blusa (f)	bluse (m)	['blʉsə]
rebeca (f), chaqueta (f) de punto	strikket trøye (m/f)	['strikə 'trøjə]
chaqueta (f)	blazer (m)	['blæsər]
camiseta (f) (T-shirt)	T-skjorte (m/f)	['te‚sɶ:ʈə]
shorts (m pl)	shorts (m)	['sɔ:ʈs]
traje (m) deportivo	treningsdrakt (m/f)	['treniŋs‚drakt]
bata (f) de baño	badekåpe (m/f)	['bɑdə‚ko:pə]
pijama (f)	pyjamas (m)	[py'sɑmɑs]
jersey (m), suéter (m)	sweater (m)	['svɛtər]
pulóver (m)	pullover (m)	[pʉ'lovər]
chaleco (m)	vest (m)	['vɛst]
frac (m)	livkjole (m)	['liv‚çulə]
esmoquin (m)	smoking (m)	['smɔkiŋ]
uniforme (m)	uniform (m)	[ʉni'fɔrm]
ropa (f) de trabajo	arbeidsklær (n pl)	['ɑrbæjds‚klær]
mono (m)	kjeledress, overall (m)	['çelə‚drɛs], ['ovɛr‚ɔl]
bata (f) (p. ej. ~ blanca)	kittel (m)	['çitəl]

34. La ropa. La ropa interior

Español	Noruego	Pronunciación
ropa (f) interior	undertøy (n)	['ʉnə̩tøj]
bóxer (m)	underbukse (m/f)	['ʉnər̩bʉksə]
bragas (f pl)	truse (m/f)	['trʉsə]
camiseta (f) interior	undertrøye (m/f)	['ʉnə̩trøjə]
calcetines (m pl)	sokker (m pl)	['sɔkər]
camisón (m)	nattkjole (m)	['nat̩çulə]
sostén (m)	behå (m)	['be̩hɔ]
calcetines (m pl) altos	knestrømper (m/f pl)	['knɛ̩strømpər]
pantimedias (f pl)	strømpebukse (m/f)	['strømpə̩bʉksə]
medias (f pl)	strømper (m/f pl)	['strømpər]
traje (m) de baño	badedrakt (m/f)	['badə̩drakt]

35. Gorras

Español	Noruego	Pronunciación
gorro (m)	hatt (m)	['hat]
sombrero (m) de fieltro	hatt (m)	['hat]
gorra (f) de béisbol	baseball cap (m)	['bɛjsbɔl kɛp]
gorra (f) plana	sikspens (m)	['sikspens]
boina (f)	alpelue, baskerlue (m/f)	['alpə̩lʉə], ['baskə̩lʉə]
capuchón (m)	hette (m/f)	['hɛtə]
panamá (m)	panamahatt (m)	['panama̩hat]
gorro (m) de punto	strikket lue (m/f)	['strikə̩lʉə]
pañuelo (m)	skaut (n)	['skaʉt]
sombrero (m) de mujer	hatt (m)	['hat]
casco (m) (~ protector)	hjelm (m)	['jɛlm]
gorro (m) de campaña	båtlue (m/f)	['bɔt̩lʉə]
casco (m) (~ de moto)	hjelm (m)	['jɛlm]
bombín (m)	bowlerhatt, skalk (m)	['bouler̩hat], ['skalk]
sombrero (m) de copa	flosshatt (m)	['flɔs̩hat]

36. El calzado

Español	Noruego	Pronunciación
calzado (m)	skotøy (n)	['skʉtøj]
botas (f pl)	skor (m pl)	['skʉr]
zapatos (m pl) (~ de tacón bajo)	pumps (m pl)	['pʉmps]
botas (f pl) altas	støvler (m pl)	['støvlər]
zapatillas (f pl)	tøfler (m pl)	['tøflər]
tenis (m pl)	tennissko (m pl)	['tɛnis̩skʉ]
zapatillas (f pl) de lona	canvas sko (m pl)	['kanvas ̩skʉ]
sandalias (f pl)	sandaler (m pl)	[san'dalər]
zapatero (m)	skomaker (m)	['skʉ̩makər]
tacón (m)	hæl (m)	['hæl]

par (m)	par (n)	['pɑr]
cordón (m)	skolisse (m/f)	['skʊˌlisə]
encordonar (vt)	å snøre	[ɔ 'snørə]
calzador (m)	skohorn (n)	['skʊˌhʊːŋ]
betún (m)	skokrem (m)	['skʊˌkrɛm]

37. Accesorios personales

guantes (m pl)	hansker (m pl)	['hɑnskər]
manoplas (f pl)	votter (m pl)	['vɔtər]
bufanda (f)	skjerf (n)	['ʂærf]

gafas (f pl)	briller (m pl)	['brilər]
montura (f)	innfatning (m/f)	['inˌfɑtniŋ]
paraguas (m)	paraply (m)	[pɑrɑ'ply]
bastón (m)	stokk (m)	['stɔk]
cepillo (m) de pelo	hårbørste (m)	['hɔrˌbœʂtə]
abanico (m)	vifte (m/f)	['viftə]

corbata (f)	slips (n)	['slips]
pajarita (f)	sløyfe (m/f)	['ʂløjfə]
tirantes (m pl)	bukseseler (m pl)	['bʉksə'selər]
moquero (m)	lommetørkle (n)	['lʊməˌtœrklə]

peine (m)	kam (m)	['kɑm]
pasador (m) de pelo	hårspenne (m/f/n)	['hoːrˌspɛnə]
horquilla (f)	hårnål (m/f)	['hoːrˌnol]
hebilla (f)	spenne (m/f/n)	['spɛnə]

| cinturón (m) | belte (m) | ['bɛltə] |
| correa (f) (de bolso) | skulderreim, rem (m/f) | ['skʉldəˌræjm], ['rem] |

bolsa (f)	veske (m/f)	['vɛskə]
bolso (m)	håndveske (m/f)	['hɔnˌvɛskə]
mochila (f)	ryggsekk (m)	['rʏgˌsɛk]

38. La ropa. Miscelánea

moda (f)	mote (m)	['mʊtə]
de moda (adj)	moteriktig	['mʊtəˌrikti]
diseñador (m) de moda	moteskaper (m)	['mʊtəˌskɑpər]

cuello (m)	krage (m)	['krɑgə]
bolsillo (m)	lomme (m/f)	['lʊmə]
de bolsillo (adj)	lomme-	['lʊmə-]
manga (f)	erme (n)	['ærmə]
presilla (f)	hempe (m)	['hɛmpə]
bragueta (f)	gylf, buksesmekk (m)	['gylf], ['bʉksəˌsmɛk]

cremallera (f)	glidelås (m/n)	['glidəˌlɔs]
cierre (m)	hekte (m/f), knepping (m)	['hɛktə], ['knɛpiŋ]
botón (m)	knapp (m)	['knɑp]

| ojal (m) | klapphull (n) | ['klɑpˌhʉl] |
| saltar (un botón) | å falle av | [ɔ 'falə ɑ:] |

coser (vi, vt)	å sy	[ɔ 'sy]
bordar (vt)	å brodere	[ɔ brʉ'derə]
bordado (m)	broderi (n)	[brʉde'ri]
aguja (f)	synål (m/f)	['syˌnɔl]
hilo (m)	tråd (m)	['trɔ]
costura (f)	søm (m)	['søm]

ensuciarse (vr)	å skitne seg til	[ɔ 'ʂitnə sæj til]
mancha (f)	flekk (m)	['flek]
arrugarse (vr)	å bli skrukkete	[ɔ 'bli 'skrʉketə]
rasgar (vt)	å rive	[ɔ 'rivə]
polilla (f)	møll (m/n)	['møl]

39. Productos personales. Cosméticos

pasta (f) de dientes	tannpasta (m)	['tanˌpasta]
cepillo (m) de dientes	tannbørste (m)	['tanˌbøʂtə]
limpiarse los dientes	å pusse tennene	[ɔ 'pʉsə 'tɛnənə]

maquinilla (f) de afeitar	høvel (m)	['høvəl]
crema (f) de afeitar	barberkrem (m)	[bar'bɛrˌkrɛm]
afeitarse (vr)	å barbere seg	[ɔ bar'berə sæj]

| jabón (m) | såpe (m/f) | ['so:pə] |
| champú (m) | sjampo (m) | ['ʂamˌpʉ] |

tijeras (f pl)	saks (m/f)	['saks]
lima (f) de uñas	neglefil (m/f)	['nɛjləˌfil]
cortaúñas (m pl)	negleklipper (m)	['nɛjləˌklipər]
pinzas (f pl)	pinsett (m)	[pin'sɛt]

cosméticos (m pl)	kosmetikk (m)	[kʉsme'tik]
mascarilla (f)	ansiktsmaske (m/f)	['ansiktsˌmaskə]
manicura (f)	manikyr (m)	[mani'kyr]
hacer la manicura	å få manikyr	[ɔ 'fɔ mani'kyr]
pedicura (f)	pedikyr (m)	[pedi'kyr]

neceser (m) de maquillaje	sminkeveske (m/f)	['sminkəˌvɛskə]
polvos (m pl)	pudder (n)	['pʉdər]
polvera (f)	pudderdåse (m)	['pʉdərˌdo:sə]
colorete (m), rubor (m)	rouge (m)	['ru:ʂ]

perfume (m)	parfyme (m)	[par'fymə]
agua (f) perfumada	eau de toilette (m)	['ɔ: də twa'let]
loción (f)	lotion (m)	['loʉʂɛn]
agua (f) de colonia	eau de cologne (m)	['ɔ: də kɔ'lɔn]

sombra (f) de ojos	øyeskygge (m)	['øjəˌsygə]
lápiz (m) de ojos	eyeliner (m)	['ɑːjˌlajnər]
rímel (m)	maskara (m)	[ma'skara]
pintalabios (m)	leppestift (m)	['lepəˌstift]

esmalte (m) de uñas	neglelakk (m)	['nɛjlə‚lɑk]
fijador (m) (para el pelo)	hårlakk (m)	['hoːr‚lɑk]
desodorante (m)	deodorant (m)	[deudʊ'rɑnt]

crema (f)	krem (m)	['krɛm]
crema (f) de belleza	ansiktskrem (m)	['ɑnsikts‚krɛm]
crema (f) de manos	håndkrem (m)	['hɔn‚krɛm]
crema (f) antiarrugas	antirynkekrem (m)	[anti'rʏnkə‚krɛm]
crema (f) de día	dagkrem (m)	['dɑg‚krɛm]
crema (f) de noche	nattkrem (m)	['nɑt‚krɛm]
de día (adj)	dag-	['dɑg-]
de noche (adj)	natt-	['nɑt-]

tampón (m)	tampong (m)	[tɑm'pɔŋ]
papel (m) higiénico	toalettpapir (n)	[tʊɑ'let pɑ'pir]
secador (m) de pelo	hårføner (m)	['hoːr‚fønər]

40. Los relojes

reloj (m)	armbåndsur (n)	['ɑrmbɔns‚ʉr]
esfera (f)	urskive (m/f)	['ʉː‚ʂivə]
aguja (f)	viser (m)	['visər]
pulsera (f)	armbånd (n)	['ɑrm‚bɔn]
correa (f) (del reloj)	rem (m/f)	['rem]

pila (f)	batteri (n)	[bɑtɛ'ri]
descargarse (vr)	å bli utladet	[ɔ 'bli 'ʉt‚lɑdət]
cambiar la pila	å skifte batteriene	[ɔ 'ʂiftə bɑtɛ'riene]
adelantarse (vr)	å gå for fort	[ɔ 'gɔ fɔ 'foːʈ]
retrasarse (vr)	å gå for sakte	[ɔ 'gɔ fɔ 'sɑktə]

reloj (m) de pared	veggur (n)	['vɛg‚ʉr]
reloj (m) de arena	timeglass (n)	['timə‚glɑs]
reloj (m) de sol	solur (n)	['sʊl‚ʉr]
despertador (m)	vekkerklokka (m/f)	['vɛkər‚klɔkɑ]
relojero (m)	urmaker (m)	['ʉr‚mɑkər]
reparar (vt)	å reparere	[ɔ repɑ'rerə]

LA EXPERIENCIA DIARIA

41. El dinero

dinero (m)	penger (m pl)	['pɛŋər]
cambio (m)	veksling (m/f)	['vɛkʂliŋ]
curso (m)	kurs (m)	['kʉʂ]
cajero (m) automático	minibank (m)	['mini͵bɑnk]
moneda (f)	mynt (m)	['mʏnt]
dólar (m)	dollar (m)	['dɔlɑr]
euro (m)	euro (m)	['ɛʉrʊ]
lira (f)	lira (m)	['lire]
marco (m) alemán	mark (m/f)	['mɑrk]
franco (m)	franc (m)	['frɑn]
libra esterlina (f)	pund sterling (m)	['pʉn stɛ:'[liŋ]
yen (m)	yen (m)	['jɛn]
deuda (f)	skyld (m/f), gjeld (m)	['ʂyl], ['jɛl]
deudor (m)	skyldner (m)	['ʂylnər]
prestar (vt)	å låne ut	[ɔ 'lo:nə ʉt]
tomar prestado	å låne	[ɔ 'lo:nə]
banco (m)	bank (m)	['bɑnk]
cuenta (f)	konto (m)	['kɔntʊ]
ingresar (~ en la cuenta)	å sette inn	[ɔ 'sɛtə in]
ingresar en la cuenta	å sette inn på kontoen	[ɔ 'sɛtə in pɔ 'kɔntʊən]
sacar de la cuenta	å ta ut fra kontoen	[ɔ 'tɑ ʉt frɑ 'kɔntʊən]
tarjeta (f) de crédito	kredittkort (n)	[krɛ'dit͵kɔ:t]
dinero (m) en efectivo	kontanter (m pl)	[kʊn'tɑntər]
cheque (m)	sjekk (m)	['ʂɛk]
sacar un cheque	å skrive en sjekk	[ɔ 'skrivə en 'ʂɛk]
talonario (m)	sjekkbok (m/f)	['ʂɛk͵bʊk]
cartera (f)	lommebok (m)	['lʊmə͵bʊk]
monedero (m)	pung (m)	['pʉŋ]
caja (f) fuerte	safe, seif (m)	['sɛjf]
heredero (m)	arving (m)	['ɑrviŋ]
herencia (f)	arv (m)	['ɑrv]
fortuna (f)	formue (m)	['fɔr͵mʉə]
arriendo (m)	leie (m)	['læje]
alquiler (m) (dinero)	husleie (m/f)	['hʉs͵læje]
alquilar (~ una casa)	å leie	[ɔ 'læje]
precio (m)	pris (m)	['pris]
coste (m)	kostnad (m)	['kɔstnɑd]

suma (f)	sum (m)	['sʉm]
gastar (vt)	å bruke	[ɔ 'brʉkə]
gastos (m pl)	utgifter (m/f pl)	['ʉtˌjiftər]
economizar (vi, vt)	å spare	[ɔ 'sparə]
económico (adj)	sparsom	['spaʂɔm]

pagar (vi, vt)	å betale	[ɔ be'talə]
pago (m)	betaling (m/f)	[be'taliŋ]
cambio (m) (devolver el ~)	vekslepenger (pl)	['vɛkʂləˌpɛŋər]

impuesto (m)	skatt (m)	['skat]
multa (f)	bot (m/f)	['bʉt]
multar (vt)	å bøtelegge	[ɔ 'bøtəˌlegə]

42. La oficina de correos

oficina (f) de correos	post (m)	['pɔst]
correo (m) (cartas, etc.)	post (m)	['pɔst]
cartero (m)	postbud (n)	['pɔstˌbʉd]
horario (m) de apertura	åpningstider (m/f pl)	['ɔpniŋsˌtidər]

carta (f)	brev (n)	['brev]
carta (f) certificada	rekommandert brev (n)	[rekʉman'dɛːʈ ˌbrev]
tarjeta (f) postal	postkort (n)	['pɔstˌkɔːʈ]
telegrama (m)	telegram (n)	[tele'gram]
paquete (m) postal	postpakke (m/f)	['pɔstˌpakə]
giro (m) postal	pengeoverføring (m/f)	['pɛŋə 'ɔvərˌføriŋ]

recibir (vt)	å motta	[ɔ 'mɔta]
enviar (vt)	å sende	[ɔ 'sɛnə]
envío (m)	avsending (m)	['afˌsɛniŋ]
dirección (f)	adresse (m)	[a'drɛsə]
código (m) postal	postnummer (n)	['pɔstˌnʉmər]
expedidor (m)	avsender (m)	['afˌsɛnər]
destinatario (m)	mottaker (m)	['mɔtˌtakər]

nombre (m)	fornavn (n)	['fɔrˌnavn]
apellido (m)	etternavn (n)	['ɛtəˌŋavn]
tarifa (f)	tariff (m)	[ta'rif]
ordinario (adj)	vanlig	['vanli]
económico (adj)	økonomisk	[økʉ'nɔmisk]

peso (m)	vekt (m)	['vɛkt]
pesar (~ una carta)	å veie	[ɔ 'væje]
sobre (m)	konvolutt (m)	[kʉnvʉ'lʉt]
sello (m)	frimerke (n)	['friˌmærkə]
poner un sello	å sette på frimerke	[ɔ 'sɛtə pɔ 'friˌmærkə]

43. La banca

banco (m)	bank (m)	['bank]
sucursal (f)	avdeling (m)	['avˌdeliŋ]

| asesor (m) (~ fiscal) | konsulent (m) | [kʊnsʉ'lent] |
| gerente (m) | forstander (m) | [fɔ'ʂtandər] |

cuenta (f)	bankkonto (m)	['bank̩kɔntʊ]
numero (m) de la cuenta	kontonummer (n)	['kɔntʊ̩nʉmər]
cuenta (f) corriente	sjekkonto (m)	['ʂɛk̩kɔntʊ]
cuenta (f) de ahorros	sparekonto (m)	['sparə̩kɔntʊ]

abrir una cuenta	å åpne en konto	[ɔ 'ɔpnə en 'kɔntʊ]
cerrar la cuenta	å lukke kontoen	[ɔ 'lʉkə 'kɔntʊən]
ingresar en la cuenta	å sette inn på kontoen	[ɔ 'sɛtə in pɔ 'kɔntʊən]
sacar de la cuenta	å ta ut fra kontoen	[ɔ 'ta ʉt fra 'kɔntʊən]

depósito (m)	innskudd (n)	['in̩skʉd]
hacer un depósito	å sette inn	[ɔ 'sɛtə in]
giro (m) bancario	overføring (m/f)	['ɔvər̩føriŋ]
hacer un giro	å overføre	[ɔ 'ɔvər̩førə]

| suma (f) | sum (m) | ['sʉm] |
| ¿Cuánto? | Hvor mye? | [vʊr 'mye] |

| firma (f) (nombre) | underskrift (m/f) | ['ʉnə̩skrift] |
| firmar (vt) | å underskrive | [ɔ 'ʉnə̩skrivə] |

tarjeta (f) de crédito	kredittkort (n)	[krɛ'dit̩kɔːʈ]
código (m)	kode (m)	['kʊdə]
número (m) de tarjeta de crédito	kreditkortnummer (n)	[krɛ'dit̩kɔːʈ 'nʉmər]
cajero (m) automático	minibank (m)	['mini̩bank]

cheque (m)	sjekk (m)	['ʂɛk]
sacar un cheque	å skrive en sjekk	[ɔ 'skrivə en 'ʂɛk]
talonario (m)	sjekkbok (m/f)	['ʂɛk̩bʊk]

crédito (m)	lån (n)	['lɔn]
pedir el crédito	å søke om lån	[ɔ ̩søkə ɔm 'lɔn]
obtener un crédito	å få lån	[ɔ 'fɔ 'lɔn]
conceder un crédito	å gi lån	[ɔ 'ji 'lɔn]
garantía (f)	garanti (m)	[garan'ti]

44. El teléfono. Las conversaciones telefónicas

teléfono (m)	telefon (m)	[tele'fʊn]
teléfono (m) móvil	mobiltelefon (m)	[mʊ'bil tele'fʊn]
contestador (m)	telefonsvarer (m)	[tele'fʊn̩svarər]

| llamar, telefonear | å ringe | [ɔ 'riŋə] |
| llamada (f) | telefonsamtale (m) | [tele'fʊn 'sam̩talə] |

marcar un número	å slå et nummer	[ɔ 'ʂlɔ et 'nʉmər]
¿Sí?, ¿Dígame?	Hallo!	[ha'lʊ]
preguntar (vt)	å spørre	[ɔ 'spørə]
responder (vi, vt)	å svare	[ɔ 'svarə]
oír (vt)	å høre	[ɔ 'hørə]

bien (adv)	godt	['gɔt]
mal (adv)	dårlig	['dɔ:lji]
ruidos (m pl)	støy (m)	['støj]

auricular (m)	telefonrør (n)	[tele'fʊn,rør]
descolgar (el teléfono)	å ta telefonen	[ɔ 'ta tele'fʊnən]
colgar el auricular	å legge på røret	[ɔ 'legə pɔ 'røre]

ocupado (adj)	opptatt	['ɔp,tat]
sonar (teléfono)	å ringe	[ɔ 'riŋə]
guía (f) de teléfonos	telefonkatalog (m)	[tele'fʊn kata'lɔg]

local (adj)	lokal-	[lɔ'kal-]
llamada (f) local	lokalsamtale (m)	[lɔ'kal 'sam,talə]
de larga distancia	riks-	['riks-]
llamada (f) de larga distancia	rikssamtale (m)	['riks 'sam,talə]
internacional (adj)	internasjonal	['intɛ:ɳɑʂʊ,nal]
llamada (f) internacional	internasjonal samtale (m)	['intɛ:ɳɑʂʊ,nal 'sam,talə]

45. El teléfono celular

teléfono (m) móvil	mobiltelefon (m)	[mʊ'bil tele'fʊn]
pantalla (f)	skjerm (m)	['ʂærm]
botón (m)	knapp (m)	['knap]
tarjeta SIM (f)	SIM-kort (n)	['sim,kɔ:t]

pila (f)	batteri (n)	[batɛ'ri]
descargarse (vr)	å bli utladet	[ɔ 'bli 'ʉt,ladət]
cargador (m)	lader (m)	['ladər]

menú (m)	meny (m)	[me'ny]
preferencias (f pl)	innstillinger (m/f pl)	['in,stiliŋər]
melodía (f)	melodi (m)	[melɔ'di]
seleccionar (vt)	å velge	[ɔ 'vɛlgə]

calculadora (f)	regnemaskin (m)	['rɛjnə ma,ʂin]
contestador (m)	telefonsvarer (m)	[tele'fʊn,svarər]
despertador (m)	vekkerklokka (m/f)	['vɛkər,klɔka]
contactos (m pl)	kontakter (m pl)	[kʊn'taktər]

mensaje (m) de texto	SMS-beskjed (m)	[ɛsɛm'ɛs bɛ,ʂɛ]
abonado (m)	abonnent (m)	[abɔ'nɛnt]

46. Los artículos de escritorio

bolígrafo (m)	kulepenn (m)	['kʉ:lə,pɛn]
pluma (f) estilográfica	fyllepenn (m)	['fʏlə,pɛn]

lápiz (f)	blyant (m)	['bly,ant]
marcador (m)	merkepenn (m)	['mærkə,pɛn]
rotulador (m)	tusjpenn (m)	['tʉʂ,pɛn]
bloc (m) de notas	notatbok (m/f)	[nʊ'tat,bʊk]

agenda (f)	dagbok (m/f)	['dɑg,bʊk]
regla (f)	linjal (m)	[li'njal]
calculadora (f)	regnemaskin (m)	['rɛjnə mɑ,ʂin]
goma (f) de borrar	viskelær (n)	['viskə,lær]
chincheta (f)	tegnestift (m)	['tæjnə,stift]
clip (m)	binders (m)	['bindɛʂ]

pegamento (m)	lim (n)	['lim]
grapadora (f)	stiftemaskin (m)	['stiftə mɑ,ʂin]
perforador (m)	hullemaskin (m)	['hʉlə mɑ,ʂin]
sacapuntas (m)	blyantspisser (m)	['blyant,spisər]

47. Los idiomas extranjeros

lengua (f)	språk (n)	['sprɔk]
extranjero (adj)	fremmed-	['fremə-]
lengua (f) extranjera	fremmedspråk (n)	['fremed,sprɔk]
estudiar (vt)	å studere	[ɔ stʉ'derə]
aprender (ingles, etc.)	å lære	[ɔ 'lærə]

leer (vi, vt)	å lese	[ɔ 'lesə]
hablar (vi, vt)	å tale	[ɔ 'talə]
comprender (vt)	å forstå	[ɔ fɔ'ʂtɔ]
escribir (vt)	å skrive	[ɔ 'skrivə]

rápidamente (adv)	fort	['fʊːt]
lentamente (adv)	langsomt	['laŋsɔmt]
con fluidez (adv)	flytende	['flytnə]

reglas (f pl)	regler (m pl)	['rɛglər]
gramática (f)	grammatikk (m)	[grɑmɑ'tik]
vocabulario (m)	ordforråd (n)	['uːrfʊ,rɔd]
fonética (f)	fonetikk (m)	[fʊne'tik]

manual (m)	lærebok (m/f)	['lærə,bʊk]
diccionario (m)	ordbok (m/f)	['uːr,bʊk]
manual (m) autodidáctico	lærebok (m/f) for selvstudium	['lærə,bʊk fɔ 'sel,stʉdium]
guía (f) de conversación	parlør (m)	[pɑːˈḷør]

casete (m)	kassett (m)	[kɑ'sɛt]
videocasete (f)	videokassett (m)	['videʊ kɑ'sɛt]
CD (m)	CD-rom (m)	['sɛdɛ,rʊm]
DVD (m)	DVD (m)	[deve'de]

alfabeto (m)	alfabet (n)	[alfɑ'bet]
deletrear (vt)	å stave	[ɔ 'stavə]
pronunciación (f)	uttale (m)	['ʉt,talə]

acento (m)	aksent (m)	[ak'saŋ]
con acento	med aksent	[me ak'saŋ]
sin acento	uten aksent	['ʉtən ak'saŋ]
palabra (f)	ord (n)	['uːr]
significado (m)	betydning (m)	[be'tʏdniŋ]

cursos (m pl)	kurs (n)	['kʉʂ]
inscribirse (vr)	å anmelde seg	[ɔ 'ɑnˌmɛlə sæj]
profesor (m) (~ de inglés)	lærer (m)	['lærər]
traducción (f) (proceso)	oversettelse (m)	['ɔvəˌsɛtəlsə]
traducción (f) (texto)	oversettelse (m)	['ɔvəˌsɛtəlsə]
traductor (m)	oversetter (m)	['ɔvəˌsɛtər]
intérprete (m)	tolk (m)	['tɔlk]
políglota (m)	polyglott (m)	[pʊlʏ'glɔt]
memoria (f)	minne (n), hukommelse (m)	['minə], [hʉ'kɔməlsə]

LAS COMIDAS. EL RESTAURANTE

48. Los cubiertos

cuchara (f)	skje (m)	['ʂe]
cuchillo (m)	kniv (m)	['kniv]
tenedor (m)	gaffel (m)	['gafəl]
taza (f)	kopp (m)	['kɔp]
plato (m)	tallerken (m)	[tɑ'lærkən]
platillo (m)	tefat (n)	['te‚fat]
servilleta (f)	serviett (m)	[sɛrvi'ɛt]
mondadientes (m)	tannpirker (m)	['tɑn‚pirkər]

49. El restaurante

restaurante (m)	restaurant (m)	[rɛstʊ'rɑn]
cafetería (f)	kafé, kaffebar (m)	[kɑ'fe], ['kɑfə‚bɑr]
bar (m)	bar (m)	['bɑr]
salón (m) de té	tesalong (m)	['tesɑ‚lɔŋ]
camarero (m)	servitør (m)	['særvi'tør]
camarera (f)	servitrise (m/f)	[særvi'trisə]
barman (m)	bartender (m)	['bɑːˌʈɛndər]
carta (f), menú (m)	meny (m)	[me'ny]
carta (f) de vinos	vinkart (n)	['vinˌkɑːʈ]
reservar una mesa	å reservere bord	[ɔ rɛsɛr'verə 'bʊr]
plato (m)	rett (m)	['rɛt]
pedir (vt)	å bestille	[ɔ be'stilə]
hacer el pedido	å bestille	[ɔ be'stilə]
aperitivo (m)	aperitiff (m)	[ɑperi'tif]
entremés (m)	forrett (m)	['fɔrɛt]
postre (m)	dessert (m)	[de'sɛːr]
cuenta (f)	regning (m/f)	['rɛjniŋ]
pagar la cuenta	å betale regningen	[ɔ be'talə 'rɛjniŋən]
dar la vuelta	å gi tilbake veksel	[ɔ ji til'bɑkə 'vɛksəl]
propina (f)	driks (m)	['driks]

50. Las comidas

comida (f)	mat (m)	['mɑt]
comer (vi, vt)	å spise	[ɔ 'spisə]

desayuno (m)	frokost (m)	['frʊkɔst]
desayunar (vi)	å spise frokost	[ɔ 'spisə ˌfrʊkɔst]
almuerzo (m)	lunsj, lunch (m)	['lʉnʂ]
almorzar (vi)	å spise lunsj	[ɔ 'spisə ˌlʉnʂ]
cena (f)	middag (m)	['miˌda]
cenar (vi)	å spise middag	[ɔ 'spisə 'miˌda]
apetito (m)	appetitt (m)	[ape'tit]
¡Que aproveche!	God appetitt!	['gʊ ape'tit]
abrir (vt)	å åpne	[ɔ 'ɔpnə]
derramar (líquido)	å spille	[ɔ 'spilə]
derramarse (líquido)	å bli spilt	[ɔ 'bli 'spilt]
hervir (vi)	å koke	[ɔ 'kʊkə]
hervir (vt)	å koke	[ɔ 'kʊkə]
hervido (agua ~a)	kokt	['kʊkt]
enfriar (vt)	å svalne	[ɔ 'svalnə]
enfriarse (vr)	å avkjøles	[ɔ 'avˌçœləs]
sabor (m)	smak (m)	['smak]
regusto (m)	bismak (m)	['bismak]
adelgazar (vi)	å være på diet	[ɔ 'værə pɔ di'et]
dieta (f)	diett (m)	[di'et]
vitamina (f)	vitamin (n)	[vita'min]
caloría (f)	kalori (m)	[kalʉ'ri]
vegetariano (m)	vegetarianer (m)	[vegetari'anər]
vegetariano (adj)	vegetarisk	[vege'tarisk]
grasas (f pl)	fett (n)	['fɛt]
proteínas (f pl)	proteiner (n pl)	[prote'inər]
carbohidratos (m pl)	kullhydrater (n pl)	['kʉlhyˌdratər]
loncha (f)	skive (m/f)	['ʂivə]
pedazo (m)	stykke (n)	['stʏkə]
miga (f)	smule (m)	['smʉlə]

51. Los platos al horno

plato (m)	rett (m)	['rɛt]
cocina (f)	kjøkken (n)	['çœkən]
receta (f)	oppskrift (m)	['ɔpˌskrift]
porción (f)	porsjon (m)	[pɔ'ʂʊn]
ensalada (f)	salat (m)	[sa'lat]
sopa (f)	suppe (m/f)	['sʉpə]
caldo (m)	buljong (m)	[bu'ljɔn]
bocadillo (m)	smørbrød (n)	['smørˌbrø]
huevos (m pl) fritos	speilegg (n)	['spæjlˌɛg]
hamburguesa (f)	hamburger (m)	['hambʊrgər]
bistec (m)	biff (m)	['bif]
guarnición (f)	tilbehør (n)	['tilbəˌhør]

espagueti (m)	**spagetti** (m)	[spɑ'gɛti]
puré (m) de patatas	**potetmos** (m)	[pʉ'tet,mʉs]
pizza (f)	**pizza** (m)	['pitsɑ]
gachas (f pl)	**grøt** (m)	['grøt]
tortilla (f) francesa	**omelett** (m)	[ɔmə'let]

cocido en agua (adj)	**kokt**	['kʉkt]
ahumado (adj)	**røkt**	['røkt]
frito (adj)	**stekt**	['stɛkt]
seco (adj)	**tørket**	['tœrkət]
congelado (adj)	**frossen, dypfryst**	['frɔsən], ['dyp,frʏst]
marinado (adj)	**syltet**	['sʏltət]

azucarado (adj)	**søt**	['søt]
salado (adj)	**salt**	['sɑlt]
frío (adj)	**kald**	['kɑl]
caliente (adj)	**het, varm**	['het], ['vɑrm]
amargo (adj)	**bitter**	['bitər]
sabroso (adj)	**lekker**	['lekər]

cocer en agua	**å koke**	[ɔ 'kʉkə]
preparar (la cena)	**å lage**	[ɔ 'lɑgə]
freír (vt)	**å steke**	[ɔ 'stekə]
calentar (vt)	**å varme opp**	[ɔ 'vɑrmə ɔp]

salar (vt)	**å salte**	[ɔ 'sɑltə]
poner pimienta	**å pepre**	[ɔ 'pɛprə]
rallar (vt)	**å rive**	[ɔ 'rivə]
piel (f)	**skall** (n)	['skɑl]
pelar (vt)	**å skrelle**	[ɔ 'skrɛlə]

52. La comida

carne (f)	**kjøtt** (n)	['çœt]
gallina (f)	**høne** (m/f)	['hønə]
pollo (m)	**kylling** (m)	['çyliŋ]
pato (m)	**and** (m/f)	['ɑn]
ganso (m)	**gås** (m/f)	['gɔs]
caza (f) menor	**vilt** (n)	['vilt]
pava (f)	**kalkun** (m)	[kɑl'kʉn]

carne (f) de cerdo	**svinekjøtt** (n)	['svinə,çœt]
carne (f) de ternera	**kalvekjøtt** (n)	['kɑlvə,çœt]
carne (f) de carnero	**fårekjøtt** (n)	['fo:rə,çœt]
carne (f) de vaca	**oksekjøtt** (n)	['ɔksə,çœt]
conejo (m)	**kanin** (m)	[kɑ'nin]

salchichón (m)	**pølse** (m/f)	['pølsə]
salchicha (f)	**wienerpølse** (m/f)	['vinər,pølsə]
beicon (m)	**bacon** (n)	['bɛjkən]
jamón (m)	**skinke** (m)	['ʂinkə]
jamón (m) fresco	**skinke** (m)	['ʂinkə]
paté (m)	**pate, paté** (m)	[pɑ'te]
hígado (m)	**lever** (m)	['levər]

carne (f) picada	kjøttfarse (m)	['çœt,farʂə]
lengua (f)	tunge (m/f)	['tʉŋə]
huevo (m)	egg (n)	['ɛg]
huevos (m pl)	egg (n pl)	['ɛg]
clara (f)	eggehvite (m)	['ɛgə,vitə]
yema (f)	plomme (m/f)	['plʊmə]
pescado (m)	fisk (m)	['fisk]
mariscos (m pl)	sjømat (m)	['ʂø,mɑt]
crustáceos (m pl)	krepsdyr (n pl)	['krɛps,dyr]
caviar (m)	kaviar (m)	['kɑvi,ɑr]
cangrejo (m) de mar	krabbe (m)	['krɑbə]
camarón (m)	reke (m/f)	['rekə]
ostra (f)	østers (m)	['østəʂ]
langosta (f)	langust (m)	[lɑŋ'gʉst]
pulpo (m)	blekksprut (m)	['blek,sprʉt]
calamar (m)	blekksprut (m)	['blek,sprʉt]
esturión (m)	stør (m)	['stør]
salmón (m)	laks (m)	['lɑks]
fletán (m)	kveite (m/f)	['kvæjtə]
bacalao (m)	torsk (m)	['tɔʂk]
caballa (f)	makrell (m)	[mɑ'krɛl]
atún (m)	tunfisk (m)	['tʉn,fisk]
anguila (f)	ål (m)	['ɔl]
trucha (f)	ørret (m)	['øret]
sardina (f)	sardin (m)	[sɑ:'di̯n]
lucio (m)	gjedde (m/f)	['jɛdə]
arenque (m)	sild (m/f)	['sil]
pan (m)	brød (n)	['brø]
queso (m)	ost (m)	['ʊst]
azúcar (m)	sukker (n)	['sʉkər]
sal (f)	salt (n)	['sɑlt]
arroz (m)	ris (m)	['ris]
macarrones (m pl)	pasta, makaroni (m)	['pɑsta], [mɑkɑ'rʊni]
tallarines (m pl)	nudler (m pl)	['nʉdlər]
mantequilla (f)	smør (n)	['smør]
aceite (m) vegetal	vegetabilsk olje (m)	[vegeta'bilsk ,ɔljə]
aceite (m) de girasol	solsikkeolje (m)	['sʊlsikə,ɔljə]
margarina (f)	margarin (m)	[mɑrgɑ'rin]
olivas (f pl)	olivener (m pl)	[ʊ'livenər]
aceite (m) de oliva	olivenolje (m)	[ʊ'livən,ɔljə]
leche (f)	melk (m/f)	['mɛlk]
leche (f) condensada	kondensert melk (m/f)	[kʊndən'se:ţ ,mɛlk]
yogur (m)	jogurt (m)	['jɔgʉ:t]
nata (f) agria	rømme, syrnet fløte (m)	['rœmə], ['sy:ɳet 'fløtə]
nata (f) líquida	fløte (m)	['fløtə]

mayonesa (f)	majones (m)	[majo'nɛs]
crema (f) de mantequilla	krem (m)	['krɛm]
cereal molido grueso	gryn (n)	['gryn]
harina (f)	mel (n)	['mel]
conservas (f pl)	hermetikk (m)	[hɛrme'tik]
copos (m pl) de maíz	cornflakes (m)	['kɔ:n̩ˌflejks]
miel (f)	honning (m)	['hɔniŋ]
confitura (f)	syltetøy (n)	['syltəˌtøj]
chicle (m)	tyggegummi (m)	['tygəˌgʉmi]

53. Las bebidas

agua (f)	vann (n)	['van]
agua (f) potable	drikkevann (n)	['drikəˌvan]
agua (f) mineral	mineralvann (n)	[minə'ralˌvan]
sin gas	uten kullsyre	['ʉtən kʉl'syrə]
gaseoso (adj)	kullsyret	[kʉl'syrət]
con gas	med kullsyre	[me kʉl'syrə]
hielo (m)	is (m)	['is]
con hielo	med is	[me 'is]
sin alcohol	alkoholfri	['alkʊhʊlˌfri]
bebida (f) sin alcohol	alkoholfri drikk (m)	['alkʊhʊlˌfri drik]
refresco (m)	leskedrikk (m)	['leskəˌdrik]
limonada (f)	limonade (m)	[limɔ'nadə]
bebidas (f pl) alcohólicas	rusdrikker (m pl)	['rʉsˌdrikər]
vino (m)	vin (m)	['vin]
vino (m) blanco	hvitvin (m)	['vitˌvin]
vino (m) tinto	rødvin (m)	['røˌvin]
licor (m)	likør (m)	[li'kør]
champaña (f)	champagne (m)	[ʂam'panjə]
vermú (m)	vermut (m)	['værmʉt]
whisky (m)	whisky (m)	['viski]
vodka (m)	vodka (m)	['vɔdka]
ginebra (f)	gin (m)	['dʒin]
coñac (m)	konjakk (m)	['kʊnjak]
ron (m)	rom (m)	['rʊm]
café (m)	kaffe (m)	['kafə]
café (m) solo	svart kaffe (m)	['sva:ʈ 'kafə]
café (m) con leche	kaffe (m) med melk	['kafə me 'mɛlk]
capuchino (m)	cappuccino (m)	[kapʊ'tʃinɔ]
café (m) soluble	pulverkaffe (m)	['pʉlvərˌkafə]
leche (f)	melk (m/f)	['mɛlk]
cóctel (m)	cocktail (m)	['kɔkˌtejl]
batido (m)	milkshake (m)	['milkˌʂɛjk]
zumo (m), jugo (m)	jus, juice (m)	['dʒʉs]

jugo (m) de tomate	tomatjuice (m)	[tʊˈmɑtˌdʒʉs]
zumo (m) de naranja	appelsinjuice (m)	[apelˈsinˌdʒʉs]
zumo (m) fresco	nypresset juice (m)	[ˈnyˌprɛsə ˈdʒʉs]

cerveza (f)	øl (m/n)	[ˈøl]
cerveza (f) rubia	lettøl (n)	[ˈletˌøl]
cerveza (f) negra	mørkt øl (n)	[ˈmœrktˌøl]

té (m)	te (m)	[ˈte]
té (m) negro	svart te (m)	[ˈsvɑːt ˌte]
té (m) verde	grønn te (m)	[ˈgrœn ˌte]

54. Las verduras

| legumbres (f pl) | grønnsaker (m pl) | [ˈgrœnˌsɑkər] |
| verduras (f pl) | grønnsaker (m pl) | [ˈgrœnˌsɑkər] |

tomate (m)	tomat (m)	[tʊˈmɑt]
pepino (m)	agurk (m)	[aˈgʉrk]
zanahoria (f)	gulrot (m/f)	[ˈgʉlˌrʊt]
patata (f)	potet (m/f)	[pʊˈtet]
cebolla (f)	løk (m)	[ˈløk]
ajo (m)	hvitløk (m)	[ˈvitˌløk]

| col (f) | kål (m) | [ˈkɔl] |
| coliflor (f) | blomkål (m) | [ˈblɔmˌkɔl] |

| col (f) de Bruselas | rosenkål (m) | [ˈrʊsənˌkɔl] |
| brócoli (m) | brokkoli (m) | [ˈbrɔkɔli] |

remolacha (f)	rødbete (m/f)	[ˈrøˌbetə]
berenjena (f)	aubergine (m)	[ɔbɛrˈʂin]
calabacín (m)	squash (m)	[ˈskvɔʂ]

| calabaza (f) | gresskar (n) | [ˈgrɛskar] |
| nabo (m) | nepe (m/f) | [ˈnepə] |

perejil (m)	persille (m/f)	[pæˈʂilə]
eneldo (m)	dill (m)	[ˈdil]
lechuga (f)	salat (m)	[saˈlat]
apio (m)	selleri (m/n)	[sɛleˌri]

| espárrago (m) | asparges (m) | [aˈspɑrʂəs] |
| espinaca (f) | spinat (m) | [spiˈnat] |

| guisante (m) | erter (m pl) | [ˈæːtər] |
| habas (f pl) | bønner (m/f pl) | [ˈbœnər] |

| maíz (m) | mais (m) | [ˈmais] |
| fréjol (m) | bønne (m/f) | [ˈbœnə] |

pimentón (m)	pepper (m)	[ˈpɛpər]
rábano (m)	reddik (m)	[ˈrɛdik]
alcachofa (f)	artisjokk (m)	[ˌɑːʈiˈʂɔk]

55. Las frutas. Las nueces

fruto (m)	frukt (m/f)	['frʉkt]
manzana (f)	eple (n)	['ɛplə]
pera (f)	pære (m/f)	['pærə]
limón (m)	sitron (m)	[si'trʊn]
naranja (f)	appelsin (m)	[apel'sin]
fresa (f)	jordbær (n)	['juːr‚bær]
mandarina (f)	mandarin (m)	[mandɑ'rin]
ciruela (f)	plomme (m/f)	['plʊmə]
melocotón (m)	fersken (m)	['fæʂkən]
albaricoque (m)	aprikos (m)	[apri'kʊs]
frambuesa (f)	bringebær (n)	['briŋə‚bær]
ananás (m)	ananas (m)	['ɑnɑnɑs]
banana (f)	banan (m)	[bɑ'nɑn]
sandía (f)	vannmelon (m)	['vɑnme‚lʊn]
uva (f)	drue (m)	['drʉə]
guinda (f)	kirsebær (n)	['çiʂə‚bær]
cereza (f)	morell (m)	[mʊ'rɛl]
melón (m)	melon (m)	[me'lun]
pomelo (m)	grapefrukt (m/f)	['grɛjp‚frʉkt]
aguacate (m)	avokado (m)	[avɔ'kadɔ]
papaya (m)	papaya (m)	[pɑ'pɑja]
mango (m)	mango (m)	['mɑŋu]
granada (f)	granateple (n)	[grɑ'nɑt‚ɛplə]
grosella (f) roja	rips (m)	['rips]
grosella (f) negra	solbær (n)	['sʊl‚bær]
grosella (f) espinosa	stikkelsbær (n)	['stikəls‚bær]
arándano (m)	blåbær (n)	['blɔ‚bær]
zarzamoras (f pl)	bjørnebær (m)	['bjœːŋə‚bær]
pasas (f pl)	rosin (m)	[rʊ'sin]
higo (m)	fiken (m)	['fikən]
dátil (m)	daddel (m)	['dadəl]
cacahuete (m)	jordnøtt (m)	['juːr‚nœt]
almendra (f)	mandel (m)	['mandəl]
nuez (f)	valnøtt (m/f)	['val‚nœt]
avellana (f)	hasselnøtt (m/f)	['hasəl‚nœt]
nuez (f) de coco	kokosnøtt (m/f)	['kʊkʊs‚nœt]
pistachos (m pl)	pistasier (m pl)	[pi'staʂiər]

56. El pan. Los dulces

pasteles (m pl)	bakevarer (m/f pl)	['bake‚varər]
pan (m)	brød (n)	['brø]
galletas (f pl)	kjeks (m)	['çɛks]
chocolate (m)	sjokolade (m)	[ʂʊkʊ'ladə]
de chocolate (adj)	sjokolade-	[ʂʊkʊ'ladə-]

caramelo (m)	sukkertøy (n), karamell (m)	['sʉkəːˌtøj], [karaˈmɛl]
tarta (f) (pequeña)	kake (m/f)	['kakə]
tarta (f) (~ de cumpleaños)	bløtkake (m/f)	['bløtˌkakə]
pastel (m) (~ de manzana)	pai (m)	['paj]
relleno (m)	fyll (m/n)	['fʏl]
confitura (f)	syltetøy (n)	['sʏltəˌtøj]
mermelada (f)	marmelade (m)	[marmeˈladə]
gofre (m)	vaffel (m)	['vafəl]
helado (m)	iskrem (m)	['iskrɛm]
pudín (f)	pudding (m)	['pʉdiŋ]

57. Las especias

sal (f)	salt (n)	['salt]
salado (adj)	salt	['salt]
salar (vt)	å salte	[ɔ 'saltə]
pimienta (f) negra	svart pepper (m)	['svaːʈ 'pɛpər]
pimienta (f) roja	rød pepper (m)	['rø 'pɛpər]
mostaza (f)	sennep (m)	['sɛnəp]
rábano (m) picante	pepperrot (m/f)	['pɛpərˌrʊt]
condimento (m)	krydder (n)	['krʏdər]
especia (f)	krydder (n)	['krʏdər]
salsa (f)	saus (m)	['saʊs]
vinagre (m)	eddik (m)	['ɛdik]
anís (m)	anis (m)	['anis]
albahaca (f)	basilik (m)	[basiˈlik]
clavo (m)	nellik (m)	['nɛlik]
jengibre (m)	ingefær (m)	['iŋəˌfær]
cilantro (m)	koriander (m)	[kʊriˈandər]
canela (f)	kanel (m)	[kaˈnel]
sésamo (m)	sesam (m)	['sesam]
hoja (f) de laurel	laurbærblad (n)	['laʊrbærˌbla]
paprika (f)	paprika (m)	['paprika]
comino (m)	karve, kummin (m)	['karvə], ['kʉmin]
azafrán (m)	safran (m)	[saˈfran]

LA INFORMACIÓN PERSONAL. LA FAMILIA

58. La información personal. Los formularios

nombre (m)	navn (n)	['nɑvn]
apellido (m)	etternavn (n)	['ɛtəˌnɑvn]
fecha (f) de nacimiento	fødselsdato (m)	['føtsəlsˌdɑtʊ]
lugar (m) de nacimiento	fødested (n)	['fødəˌsted]
nacionalidad (f)	nasjonalitet (m)	[nɑʂʊnɑli'tet]
domicilio (m)	bosted (n)	['bʊˌsted]
país (m)	land (n)	['lɑn]
profesión (f)	yrke (n), profesjon (m)	['yrkə], [prʊfe'ʂʊn]
sexo (m)	kjønn (n)	['çœn]
estatura (f)	høyde (m)	['højdə]
peso (m)	vekt (m)	['vɛkt]

59. Los familiares. Los parientes

madre (f)	mor (m/f)	['mʊr]
padre (m)	far (m)	['fɑr]
hijo (m)	sønn (m)	['sœn]
hija (f)	datter (m/f)	['dɑtər]
hija (f) menor	yngste datter (m/f)	['yŋstə 'dɑtər]
hijo (m) menor	yngste sønn (m)	['yŋstə 'sœn]
hija (f) mayor	eldste datter (m/f)	['ɛlstə 'dɑtər]
hijo (m) mayor	eldste sønn (m)	['ɛlstə 'sœn]
hermano (m)	bror (m)	['brʊr]
hermano (m) mayor	eldre bror (m)	['ɛldrə ˌbrʊr]
hermano (m) menor	lillebror (m)	['liləˌbrʊr]
hermana (f)	søster (m/f)	['søstər]
hermana (f) mayor	eldre søster (m/f)	['ɛldrə ˌsøstər]
hermana (f) menor	lillesøster (m/f)	['liləˌsøstər]
primo (m)	fetter (m/f)	['fɛtər]
prima (f)	kusine (m)	[kʉ'sinə]
mamá (f)	mamma (m)	['mɑmɑ]
papá (m)	pappa (m)	['pɑpɑ]
padres (m pl)	foreldre (pl)	[for'ɛldrə]
niño -a (m, f)	barn (n)	['bɑːɳ]
niños (m pl)	barn (n pl)	['bɑːɳ]
abuela (f)	bestemor (m)	['bɛstəˌmʊr]
abuelo (m)	bestefar (m)	['bɛstəˌfɑr]
nieto (m)	barnebarn (n)	['bɑːɳəˌbɑːɳ]

nieta (f)	barnebarn (n)	['bɑːŋə,bɑːŋ]
nietos (m pl)	barnebarn (n pl)	['bɑːŋə,bɑːŋ]
tío (m)	onkel (m)	['ʊnkəl]
tía (f)	tante (m/f)	['tɑntə]
sobrino (m)	nevø (m)	[ne'vø]
sobrina (f)	niese (m/f)	[ni'esə]
suegra (f)	svigermor (m/f)	['sviɡər,mʊr]
suegro (m)	svigerfar (m)	['sviɡər,fɑr]
yerno (m)	svigersønn (m)	['sviɡər,sœn]
madrastra (f)	stemor (m/f)	['ste,mʊr]
padrastro (m)	stefar (m)	['ste,fɑr]
niño (m) de pecho	brystbarn (n)	['brʏst,bɑːŋ]
bebé (m)	spedbarn (n)	['spe,bɑːŋ]
chico (m)	lite barn (n)	['litə 'bɑːŋ]
mujer (f)	kone (m/f)	['kʊnə]
marido (m)	mann (m)	['man]
esposo (m)	ektemann (m)	['ɛktə,man]
esposa (f)	hustru (m)	['hʉstrʉ]
casado (adj)	gift	['jift]
casada (adj)	gift	['jift]
soltero (adj)	ugift	[ʉ:'jift]
soltero (m)	ungkar (m)	['ʉŋ,kɑr]
divorciado (adj)	fraskilt	['frɑ,ʂilt]
viuda (f)	enke (m)	['ɛnkə]
viudo (m)	enkemann (m)	['ɛnkə,man]
pariente (m)	slektning (m)	['ʂlektniŋ]
pariente (m) cercano	nær slektning (m)	['nær 'slektniŋ]
pariente (m) lejano	fjern slektning (m)	['fjæ:ɳ 'slektniŋ]
parientes (m pl)	slektninger (m pl)	['ʂlektniŋər]
huérfano (m), huérfana (f)	foreldreløst barn (n)	[fɔr'ɛldrələst ,bɑːŋ]
tutor (m)	formynder (m)	['fɔr,mʏnər]
adoptar (un niño)	å adoptere	[ɔ adɔp'terə]
adoptar (una niña)	å adoptere	[ɔ adɔp'terə]

60. Los amigos. Los compañeros del trabajo

amigo (m)	venn (m)	['vɛn]
amiga (f)	venninne (m/f)	[vɛ'ninə]
amistad (f)	vennskap (n)	['vɛn,skap]
ser amigo	å være venner	[ɔ 'værə 'vɛnər]
amigote (m)	venn (m)	['vɛn]
amiguete (f)	venninne (m/f)	[vɛ'ninə]
compañero (m)	partner (m)	['pa:ʈnər]
jefe (m)	sjef (m)	['ʂɛf]
superior (m)	overordnet (m)	['ɔvər,ɔrdnet]

propietario (m)	eier (m)	['æjər]
subordinado (m)	underordnet (m)	['ʉnərˌɔrdnet]
colega (m, f)	kollega (m)	[kʊ'lega]

conocido (m)	bekjent (m)	[be'çɛnt]
compañero (m) de viaje	medpassasjer (m)	['meˌpasɑ'ʂɛr]
condiscípulo (m)	klassekamerat (m)	['klasəˌkaməˈrɑːt]

vecino (m)	nabo (m)	['nɑbʊ]
vecina (f)	nabo (m)	['nɑbʊ]
vecinos (m pl)	naboer (m pl)	['nɑbʊər]

EL CUERPO. LA MEDICINA

61. La cabeza

cabeza (f)	hode (n)	['hudə]
cara (f)	ansikt (n)	['ansikt]
nariz (f)	nese (m/f)	['nese]
boca (f)	munn (m)	['munn]
ojo (m)	øye (n)	['øjə]
ojos (m pl)	øyne (n pl)	['øjnə]
pupila (f)	pupill (m)	[pu'pil]
ceja (f)	øyenbryn (n)	['øjən‚bryn]
pestaña (f)	øyenvipp (m)	['øjən‚vip]
párpado (m)	øyelokk (m)	['øjə‚lɔk]
lengua (f)	tunge (m/f)	['tuŋə]
diente (m)	tann (m/f)	['tan]
labios (m pl)	lepper (m/f pl)	['lepər]
pómulos (m pl)	kinnbein (n pl)	['çin‚bæjn]
encía (f)	tannkjøtt (n)	['tan‚çœt]
paladar (m)	gane (m)	['ganə]
ventanas (f pl)	nesebor (n pl)	['nese‚bur]
mentón (m)	hake (m/f)	['hakə]
mandíbula (f)	kjeve (m)	['çɛvə]
mejilla (f)	kinn (n)	['çin]
frente (f)	panne (m/f)	['panə]
sien (f)	tinning (m)	['tiniŋ]
oreja (f)	øre (n)	['ørə]
nuca (f)	bakhode (n)	['bak‚hodə]
cuello (m)	hals (m)	['hals]
garganta (f)	strupe, hals (m)	['strupə], ['hals]
pelo, cabello (m)	hår (n pl)	['hɔr]
peinado (m)	frisyre (m)	[fri'syrə]
corte (m) de pelo	hårfasong (m)	['hoːrfa‚sɔŋ]
peluca (f)	parykk (m)	[pa'rʏk]
bigote (m)	mustasje (m)	[mu'staʂə]
barba (f)	skjegg (n)	['ʂɛg]
tener (~ la barba)	å ha	[ɔ 'ha]
trenza (f)	flette (m/f)	['fletə]
patillas (f pl)	bakkenbarter (pl)	['bakən‚baːʈər]
pelirrojo (adj)	rødhåret	['rø‚hoːrət]
gris, canoso (adj)	grå	['grɔ]
calvo (adj)	skallet	['skalət]
calva (f)	skallet flekk (m)	['skalət ‚flek]

cola (f) de caballo	hestehale (m)	['hɛstə,halə]
flequillo (m)	pannelugg (m)	['panə,lʉg]

62. El cuerpo

mano (f)	hånd (m/f)	['hɔn]
brazo (m)	arm (m)	['arm]
dedo (m)	finger (m)	['fiŋər]
dedo (m) del pie	tå (m/f)	['tɔ]
dedo (m) pulgar	tommel (m)	['tɔməl]
dedo (m) meñique	lillefinger (m)	['lilə,fiŋər]
uña (f)	negl (m)	['nɛjl]
puño (m)	knyttneve (m)	['knʏt,nevə]
palma (f)	håndflate (m/f)	['hɔn,flatə]
muñeca (f)	håndledd (n)	['hɔn,led]
antebrazo (m)	underarm (m)	['ʉnər,arm]
codo (m)	albue (m)	['al,bʉə]
hombro (m)	skulder (m)	['skʉldər]
pierna (f)	bein (n)	['bæjn]
planta (f)	fot (m)	['fʊt]
rodilla (f)	kne (n)	['knɛ]
pantorrilla (f)	legg (m)	['leg]
cadera (f)	hofte (m)	['hɔftə]
talón (m)	hæl (m)	['hæl]
cuerpo (m)	kropp (m)	['krɔp]
vientre (m)	mage (m)	['magə]
pecho (m)	bryst (n)	['brʏst]
seno (m)	bryst (n)	['brʏst]
lado (m), costado (m)	side (m/f)	['sidə]
espalda (f)	rygg (m)	['rʏg]
zona (f) lumbar	korsrygg (m)	['kɔːʂ,rʏg]
cintura (f), talle (m)	liv (n), midje (m/f)	['liv], ['midjə]
ombligo (m)	navle (m)	['navlə]
nalgas (f pl)	rumpeballer (m pl)	['rʉmpə,balər]
trasero (m)	bak (m)	['bak]
lunar (m)	føflekk (m)	['fø,flek]
marca (f) de nacimiento	fødselsmerke (n)	['føtsəls,mærke]
tatuaje (m)	tatovering (m/f)	[tatʉ'vɛriŋ]
cicatriz (f)	arr (n)	['ar]

63. Las enfermedades

enfermedad (f)	sykdom (m)	['sʏk,dɔm]
estar enfermo	å være syk	[ɔ 'værə 'syk]
salud (f)	helse (m/f)	['hɛlsə]
resfriado (m) (coriza)	snue (m)	['snʉə]

angina (f)	angina (m)	[an'gina]
resfriado (m)	forkjølelse (m)	[fɔr'çœlǝlsǝ]
resfriarse (vr)	å forkjøle seg	[ɔ fɔr'çœlǝ sæj]

bronquitis (f)	bronkitt (m)	[brɔn'kit]
pulmonía (f)	lungebetennelse (m)	['lʉŋǝ be'tɛnǝlsǝ]
gripe (f)	influensa (m)	[inflʉ'ɛnsa]

miope (adj)	nærsynt	['næˌsʏnt]
présbita (adj)	langsynt	['laŋsʏnt]
estrabismo (m)	skjeløydhet (m)	['ʂɛløjdˌhet]
estrábico (m) (adj)	skjeløyd	['ʂɛlˌøjd]
catarata (f)	grå stær, katarakt (m)	['grɔ ˌstær], [kata'rakt]
glaucoma (f)	glaukom (n)	[glaʉ'kɔm]

insulto (m)	hjerneslag (n)	['jæːŋǝˌslag]
ataque (m) cardiaco	infarkt (n)	[in'farkt]
infarto (m) de miocardio	myokardieinfarkt (n)	['miɔ'kardiǝ in'farkt]
parálisis (f)	paralyse, lammelse (m)	['para'lysǝ], ['lamǝlsǝ]
paralizar (vt)	å lamme	[ɔ 'lamǝ]

alergia (f)	allergi (m)	[alæː'gi]
asma (f)	astma (m)	['astma]
diabetes (m)	diabetes (m)	[dia'betǝs]

| dolor (m) de muelas | tannpine (m/f) | ['tanˌpinǝ] |
| caries (f) | karies (m) | ['karies] |

diarrea (f)	diaré (m)	[dia'rɛ]
estreñimiento (m)	forstoppelse (m)	[fɔ'ʂtɔpǝlsǝ]
molestia (f) estomacal	magebesvær (m)	['magǝˌbe'svær]
envenenamiento (m)	matforgiftning (m/f)	['matˌfɔr'jiftnin]
envenenarse (vr)	å få matforgiftning	[ɔ 'fɔ matˌfɔr'jiftnin]

artritis (f)	artritt (m)	[aːʈ'rit]
raquitismo (m)	rakitt (m)	[ra'kit]
reumatismo (m)	revmatisme (m)	[revma'tismǝ]
ateroesclerosis (f)	arteriosklerose (m)	[aːˈʈeriʉsklɛˌrʉsǝ]

gastritis (f)	magekatarr, gastritt (m)	['magǝkaˌtar], [ˌga'strit]
apendicitis (f)	appendisitt (m)	[apɛndi'sit]
colecistitis (m)	galleblærebetennelse (m)	['galǝˌblærǝ be'tɛnǝlse]
úlcera (f)	magesår (n)	['magǝˌsɔr]

sarampión (m)	meslinger (m pl)	['mɛsˌliŋǝr]
rubeola (f)	røde hunder (m pl)	['rødǝ 'hʉnǝr]
ictericia (f)	gulsott (m/f)	['gʉlˌsʊt]
hepatitis (f)	hepatitt (m)	[hepa'tit]

esquizofrenia (f)	schizofreni (m)	[ʂisʉfre'ni]
rabia (f) (hidrofobia)	rabies (m)	['rabiǝs]
neurosis (f)	nevrose (m)	[nev'rʉsǝ]
conmoción (m) cerebral	hjernerystelse (m)	['jæːŋǝˌrʏstǝlsǝ]

| cáncer (m) | kreft, cancer (m) | ['krɛft], ['kansǝr] |
| esclerosis (f) | sklerose (m) | [sklɛ'rʉsǝ] |

esclerosis (m) múltiple	multippel sklerose (m)	[mʉl'tipəl skle'rʉsə]
alcoholismo (m)	alkoholisme (m)	[alkʉhʊ'lismə]
alcohólico (m)	alkoholiker (m)	[alkʉ'hʉlikər]
sífilis (f)	syfilis (m)	['syfilis]
SIDA (f)	AIDS, aids (m)	['ɛjds]

tumor (m)	svulst, tumor (m)	['svʉlst], [tʉ'mʊr]
maligno (adj)	ondartet, malign	['ʊnˌɑːʈət], [mɑ'lign]
benigno (adj)	godartet	['gʊˌɑːʈət]

fiebre (f)	feber (m)	['febər]
malaria (f)	malaria (m)	[mɑ'lɑriɑ]
gangrena (f)	koldbrann (m)	['kɔlbrɑn]
mareo (m)	sjøsyke (m)	['ʂøˌsykə]
epilepsia (f)	epilepsi (m)	[ɛpilep'si]

epidemia (f)	epidemi (m)	[ɛpide'mi]
tifus (m)	tyfus (m)	['tyfʉs]
tuberculosis (f)	tuberkulose (m)	[tubærkʉ'lɔsə]
cólera (f)	kolera (m)	['kʉlera]
peste (f)	pest (m)	['pɛst]

64. Los síntomas. Los tratamientos. Unidad 1

síntoma (m)	symptom (n)	[sʏmp'tʊm]
temperatura (f)	temperatur (m)	[tɛmpəra'tʉr]
fiebre (f)	høy temperatur (m)	['høj tɛmpəra'tʉr]
pulso (m)	puls (m)	['pʉls]

mareo (m) (vértigo)	svimmelhet (m)	['sviməlˌhet]
caliente (adj)	varm	['varm]
escalofrío (m)	skjelving (m/f)	['ʂɛlviŋ]
pálido (adj)	blek	['blek]

tos (f)	hoste (m)	['hʊstə]
toser (vi)	å hoste	[ɔ 'hʊstə]
estornudar (vi)	å nyse	[ɔ 'nysə]
desmayo (m)	besvimelse (m)	[bɛ'sviməlsə]
desmayarse (vr)	å besvime	[ɔ be'svimə]

moradura (f)	blåmerke (n)	['blɔˌmærkə]
chichón (m)	bule (m)	['bʉlə]
golpearse (vr)	å slå seg	[ɔ 'ʂlɔ sæj]
magulladura (f)	blåmerke (n)	['blɔˌmærkə]
magullarse (vr)	å slå seg	[ɔ 'ʂlɔ sæj]

cojear (vi)	å halte	[ɔ 'haltə]
dislocación (f)	forvridning (m)	[fɔr'vridniŋ]
dislocar (vt)	å forvri	[ɔ fɔr'vri]
fractura (f)	brudd (n), fraktur (m)	['brʉd], [frak'tʉr]
tener una fractura	å få brudd	[ɔ 'fɔ 'brʉd]

| corte (m) (tajo) | skjæresår (n) | ['ʂæːrəˌsɔr] |
| cortarse (vr) | å skjære seg | [ɔ 'ʂæːrə sæj] |

hemorragia (f)	blødning (m/f)	['blødniŋ]
quemadura (f)	brannsår (n)	['bran,sɔr]
quemarse (vr)	å brenne seg	[ɔ 'brɛnə sæj]

pincharse (el dedo)	å stikke	[ɔ 'stikə]
pincharse (vr)	å stikke seg	[ɔ 'stikə sæj]
herir (vt)	å skade	[ɔ 'skadə]
herida (f)	skade (n)	['skadə]
lesión (f) (herida)	sår (n)	['sɔr]
trauma (m)	traume (m)	['traʊmə]

delirar (vi)	å snakke i villelse	[ɔ 'snakə i 'viləlsə]
tartamudear (vi)	å stamme	[ɔ 'stamə]
insolación (f)	solstikk (n)	['sʊl,stik]

65. Los síntomas. Los tratamientos. Unidad 2

dolor (m)	smerte (m)	['smæːʈə]
astilla (f)	flis (m/f)	['flis]

sudor (m)	svette (m)	['svɛtə]
sudar (vi)	å svette	[ɔ 'svɛtə]
vómito (m)	oppkast (n)	['ɔp,kast]
convulsiones (f)	kramper (m pl)	['krampər]

embarazada (adj)	gravid	[gra'vid]
nacer (vi)	å fødes	[ɔ 'fødə]
parto (m)	fødsel (m)	['føtsəl]
dar a luz	å føde	[ɔ 'fødə]
aborto (m)	abort (m)	[a'bɔːt]

respiración (f)	åndedrett (n)	['ɔŋdə,drɛt]
inspiración (f)	innånding (m/f)	['in,ɔniŋ]
espiración (f)	utånding (m/f)	['ʉt,ɔndiŋ]
espirar (vi)	å puste ut	[ɔ 'pʉstə ʉt]
inspirar (vi)	å ånde inn	[ɔ 'ɔŋdə ,in]

inválido (m)	handikappet person (m)	['handi,kapet pæ'ʂʉn]
mutilado (m)	krøpling (m)	['krøpliŋ]
drogadicto (m)	narkoman (m)	[narkʉ'man]

sordo (adj)	døv	['døv]
mudo (adj)	stum	['stʉm]
sordomudo (adj)	døvstum	['døf,stʉm]

loco (adj)	gal	['gal]
loco (m)	gal mann (m)	['gal ,man]
loca (f)	gal kvinne (m/f)	['gal ,kvinə]
volverse loco	å bli sinnssyk	[ɔ 'bli 'sin,syk]

gen (m)	gen (m)	['gen]
inmunidad (f)	immunitet (m)	[imʉni'tet]
hereditario (adj)	arvelig	['arvəli]
de nacimiento (adj)	medfødt	['meː,føt]

virus (m)	**virus** (m)	['virʉs]
microbio (m)	**mikrobe** (m)	[mi'krʊbə]
bacteria (f)	**bakterie** (m)	[bak'teriə]
infección (f)	**infeksjon** (m)	[infɛk'şʉn]

66. Los síntomas. Los tratamientos. Unidad 3

hospital (m)	**sykehus** (n)	['sykəˌhʉs]
paciente (m)	**pasient** (m)	[pasi'ɛnt]
diagnosis (f)	**diagnose** (m)	[dia'gnʊsə]
cura (f)	**kur** (m)	['kʉr]
tratamiento (m)	**behandling** (m/f)	[be'handliŋ]
curarse (vr)	**å bli behandlet**	[ɔ 'bli be'handlət]
tratar (vt)	**å behandle**	[ɔ be'handlə]
cuidar (a un enfermo)	**å skjøtte**	[ɔ 'şøtə]
cuidados (m pl)	**sykepleie** (m/f)	['sykəˌplæjə]
operación (f)	**operasjon** (m)	[ɔpəra'şʉn]
vendar (vt)	**å forbinde**	[ɔ fɔr'binə]
vendaje (m)	**forbinding** (m)	[fɔr'biniŋ]
vacunación (f)	**vaksinering** (m/f)	[vaksi'neriŋ]
vacunar (vt)	**å vaksinere**	[ɔ vaksi'nerə]
inyección (f)	**injeksjon** (m), **sprøyte** (m/f)	[injɛk'şʉn], ['sprøjtə]
aplicar una inyección	**å gi en sprøyte**	[ɔ 'ji en 'sprøjtə]
ataque (m)	**anfall** (n)	['anˌfal]
amputación (f)	**amputasjon** (m)	[ampʉta'şʉn]
amputar (vt)	**å amputere**	[ɔ ampʉ'terə]
coma (m)	**koma** (m)	['kʊma]
estar en coma	**å ligge i koma**	[ɔ 'ligə i 'kʊma]
revitalización (f)	**intensivavdeling** (m/f)	['intenˌsiv 'avˌdeliŋ]
recuperarse (vr)	**å bli frisk**	[ɔ 'bli 'frisk]
estado (m) (de salud)	**tilstand** (m)	['tilˌstan]
consciencia (f)	**bevissthet** (m)	[be'vistˌhet]
memoria (f)	**minne** (n), **hukommelse** (m)	['minə], [hʉ'kɔməlsə]
extraer (un diente)	**å trekke ut**	[ɔ 'trɛkə ʉt]
empaste (m)	**fylling** (m/f)	['fʏliŋ]
empastar (vt)	**å plombere**	[ɔ plʊm'berə]
hipnosis (f)	**hypnose** (m)	[hʏp'nʊsə]
hipnotizar (vt)	**å hypnotisere**	[ɔ hʏpnʊti'serə]

67. La medicina. Las drogas. Los accesorios

medicamento (m), droga (f)	**medisin** (m)	[medi'sin]
remedio (m)	**middel** (n)	['midəl]
prescribir (vt)	**å ordinere**	[ɔ ɔrdi'nerə]
receta (f)	**resept** (m)	[re'sɛpt]

tableta (f)	tablett (m)	[tab'let]
ungüento (m)	salve (m/f)	['salvə]
ampolla (f)	ampulle (m)	[am'pʉlə]
mixtura (f), mezcla (f)	mikstur (m)	[miks'tʉr]
sirope (m)	sirup (m)	['sirʉp]
píldora (f)	pille (m/f)	['pilə]
polvo (m)	pulver (n)	['pʉlvər]
venda (f)	gasbind (n)	['gas͵bin]
algodón (m) (discos de ~)	vatt (m/n)	['vat]
yodo (m)	jod (m/n)	['ʉd]
tirita (f), curita (f)	plaster (n)	['plastər]
pipeta (f)	pipette (m)	[pi'pɛtə]
termómetro (m)	termometer (n)	[tɛrmʉ'metər]
jeringa (f)	sprøyte (m/f)	['sprøjtə]
silla (f) de ruedas	rullestol (m)	['rʉlə͵stʊl]
muletas (f pl)	krykker (m/f pl)	['krʏkər]
anestésico (m)	smertestillende middel (n)	['smæː͟tə͵stilenə 'midəl]
purgante (m)	laksativ (n)	[laksa'tiv]
alcohol (m)	sprit (m)	['sprit]
hierba (f) medicinal	legeurter (m/f pl)	['legə͵ʉːtər]
de hierbas (té ~)	urte-	['ʉːʈə-]

EL APARTAMENTO

68. El apartamento

apartamento (m)	leilighet (m/f)	['læjli‚het]
habitación (f)	rom (n)	['rʊm]
dormitorio (m)	soverom (n)	['sɔvə‚rʊm]
comedor (m)	spisestue (m/f)	['spisə‚stʉə]
salón (m)	dagligstue (m/f)	['dagli‚stʉə]
despacho (m)	arbeidsrom (n)	['arbæjds‚rʊm]
antecámara (f)	entré (m)	[an'trɛ:]
cuarto (m) de baño	bad, baderom (n)	['bad], ['badə‚rʊm]
servicio (m)	toalett, WC (n)	[tʊa'let], [vɛ'sɛ]
techo (m)	tak (n)	['tak]
suelo (m)	gulv (n)	['gʉlv]
rincón (m)	hjørne (n)	['jœ:ŋə]

69. Los muebles. El interior

muebles (m pl)	møbler (n pl)	['møblər]
mesa (f)	bord (n)	['bʊr]
silla (f)	stol (n)	['stʊl]
cama (f)	seng (m/f)	['sɛŋ]
sofá (m)	sofa (m)	['sʊfa]
sillón (m)	lenestol (m)	['lenə‚stʊl]
librería (f)	bokskap (n)	['bʊk‚skap]
estante (m)	hylle (m/f)	['hʏlə]
armario (m)	klesskap (n)	['kle‚skap]
percha (f)	knaggbrett (n)	['knag‚brɛt]
perchero (m) de pie	stumtjener (m)	['stʉm‚tjenər]
cómoda (f)	kommode (m)	[kʊ'mʊdə]
mesa (f) de café	kaffebord (n)	['kafə‚bʊr]
espejo (m)	speil (n)	['spæjl]
tapiz (m)	teppe (n)	['tɛpə]
alfombra (f)	lite teppe (n)	['litə 'tɛpə]
chimenea (f)	peis (m), ildsted (n)	['pæjs], ['ilsted]
candela (f)	lys (n)	['lys]
candelero (m)	lysestake (m)	['lysə‚stakə]
cortinas (f pl)	gardiner (m/f pl)	[ga:'dinər]
empapelado (m)	tapet (n)	[ta'pet]

estor (m) de láminas	persienne (m)	[pæʂi'enə]
lámpara (f) de mesa	bordlampe (m/f)	['bʊrˌlampə]
candil (m)	vegglampe (m/f)	['vɛgˌlampə]
lámpara (f) de pie	gulvlampe (m/f)	['gʉlvˌlampə]
lámpara (f) de araña	lysekrone (m/f)	['lysəˌkrʊnə]

pata (f) (~ de la mesa)	bein (n)	['bæjn]
brazo (m)	armlene (n)	['armˌlenə]
espaldar (m)	rygg (m)	['rʏg]
cajón (m)	skuff (m)	['skʉf]

70. Los accesorios de la cama

ropa (f) de cama	sengetøy (n)	['sɛŋəˌtøj]
almohada (f)	pute (m/f)	['pʉtə]
funda (f)	putevar, putetrekk (n)	['pʉtəˌvar], ['pʉtəˌtrɛk]
manta (f)	dyne (m/f)	['dynə]
sábana (f)	laken (n)	['lakən]
sobrecama (f)	sengeteppe (n)	['sɛŋəˌtɛpə]

71. La cocina

cocina (f)	kjøkken (n)	['çœkən]
gas (m)	gass (m)	['gas]
cocina (f) de gas	gasskomfyr (m)	['gas kɔmˌfyr]
cocina (f) eléctrica	elektrisk komfyr (m)	[ɛ'lektrisk kɔmˌfyr]
horno (m)	bakeovn (m)	['bakəˌɔvn]
horno (m) microondas	mikrobølgeovn (m)	['mikrʊˌbølgə'ɔvn]

frigorífico (m)	kjøleskap (n)	['çœləˌskap]
congelador (m)	fryser (m)	['frysər]
lavavajillas (m)	oppvaskmaskin (m)	['ɔpvask maˌʂin]

picadora (f) de carne	kjøttkvern (m/f)	['çœtˌkvɛːn]
exprimidor (m)	juicepresse (m/f)	['dʒʉsˌprɛsə]
tostador (m)	brødrister (m)	['brøˌristər]
batidora (f)	mikser (m)	['miksər]
cafetera (f) (aparato de cocina)	kaffetrakter (m)	['kafəˌtraktər]
cafetera (f) (para servir)	kaffekanne (m/f)	['kafəˌkanə]
molinillo (m) de café	kaffekvern (m/f)	['kafəˌkvɛːn]

hervidor (m) de agua	tekjele (m)	['teˌçelə]
tetera (f)	tekanne (m/f)	['teˌkanə]
tapa (f)	lokk (n)	['lɔk]
colador (m) de té	tesil (m)	['teˌsil]

cuchara (f)	skje (m)	['ʂe]
cucharilla (f)	teskje (m)	['teˌʂe]
cuchara (f) de sopa	spiseskje (m)	['spisəˌʂɛ]
tenedor (m)	gaffel (m)	['gafəl]
cuchillo (m)	kniv (m)	['kniv]

vajilla (f)	**servise** (n)	[sær'visə]
plato (m)	**tallerken** (m)	[ta'lærkən]
platillo (m)	**tefat** (n)	['te‚fat]

vaso (m) de chupito	**shotglass** (n)	['ʂɔt‚glas]
vaso (m) (~ de agua)	**glass** (n)	['glas]
taza (f)	**kopp** (m)	['kɔp]

azucarera (f)	**sukkerskål** (m/f)	['sʉkər‚skɔl]
salero (m)	**saltbøsse** (m/f)	['salt‚bøsə]
pimentero (m)	**pepperbøsse** (m/f)	['pɛpər‚bøsə]
mantequera (f)	**smørkopp** (m)	['smœr‚kɔp]

cacerola (f)	**gryte** (m/f)	['grytə]
sartén (f)	**steikepanne** (m/f)	['stæjkə‚panə]
cucharón (m)	**sleiv** (m/f)	['ʂlæjv]
colador (m)	**dørslag** (n)	['dœʂlag]
bandeja (f)	**brett** (n)	['brɛt]

botella (f)	**flaske** (m)	['flaskə]
tarro (m) de vidrio	**glasskrukke** (m/f)	['glas‚krʉkə]
lata (f) de hojalata	**boks** (m)	['bɔks]

abrebotellas (m)	**flaskeåpner** (m)	['flaskə‚ɔpnər]
abrelatas (m)	**konservåpner** (m)	['kʊnsəv‚ɔpnər]
sacacorchos (m)	**korketrekker** (m)	['kɔrkə‚trɛkər]
filtro (m)	**filter** (n)	['filtər]
filtrar (vt)	**å filtrere**	[ɔ fil'trerə]

basura (f)	**søppel** (m/f/n)	['sœpəl]
cubo (m) de basura	**søppelbøtte** (m/f)	['sœpəl‚bœtə]

72. El baño

cuarto (m) de baño	**bad, baderom** (n)	['bad], ['badə‚rʊm]
agua (f)	**vann** (n)	['van]
grifo (m)	**kran** (m/f)	['kran]
agua (f) caliente	**varmt vann** (n)	['varmt ‚van]
agua (f) fría	**kaldt vann** (n)	['kalt van]

pasta (f) de dientes	**tannpasta** (m)	['tan‚pasta]
limpiarse los dientes	**å pusse tennene**	[ɔ 'pʉsə 'tɛnənə]
cepillo (m) de dientes	**tannbørste** (m)	['tan‚bœʂtə]

afeitarse (vr)	**å barbere seg**	[ɔ bar'berə sæj]
espuma (f) de afeitar	**barberskum** (n)	[bar'bɛ‚ʂkʊm]
maquinilla (f) de afeitar	**høvel** (m)	['høvəl]

lavar (vt)	**å vaske**	[ɔ 'vaskə]
darse un baño	**å vaske seg**	[ɔ 'vaskə sæj]
ducha (f)	**dusj** (m)	['dʉʂ]
darse una ducha	**å ta en dusj**	[ɔ 'ta en 'dʉʂ]
baño (m)	**badekar** (n)	['badə‚kar]
inodoro (m)	**toalettstol** (m)	[tʊa'let‚stʊl]

lavabo (m)	vaskeservant (m)	['vaskə‚sɛr'vant]
jabón (m)	såpe (m/f)	['so:pə]
jabonera (f)	såpeskål (m/f)	['so:pə‚skɔl]

esponja (f)	svamp (m)	['svamp]
champú (m)	sjampo (m)	['ʂam‚pʉ]
toalla (f)	håndkle (n)	['hɔn‚kle]
bata (f) de baño	badekåpe (m/f)	['badə‚ko:pə]

colada (f), lavado (m)	vask (m)	['vask]
lavadora (f)	vaskemaskin (m)	['vaskə ma‚ʂin]
lavar la ropa	å vaske tøy	[ɔ 'vaskə 'tøj]
detergente (m) en polvo	vaskepulver (n)	['vaskə‚pʉlvər]

73. Los aparatos domésticos

televisor (m)	TV (m), TV-apparat (n)	['tɛvɛ], ['tɛvɛ apa'rat]
magnetófono (m)	båndopptaker (m)	['bɔn‚ɔptakər]
vídeo (m)	video (m)	['videʉ]
radio (f)	radio (m)	['radiʉ]
reproductor (m) (~ MP3)	spiller (m)	['spilər]

proyector (m) de vídeo	videoprojektor (m)	['videʉ prɔ'jɛktɔr]
sistema (m) home cinema	hjemmekino (m)	['jɛmə‚çinʉ]
reproductor (m) de DVD	DVD-spiller (m)	[deve'de ‚spilər]
amplificador (m)	forsterker (m)	[fɔ'ʂtærkər]
videoconsola (f)	spillkonsoll (m)	['spil kʉn'sɔl]

cámara (f) de vídeo	videokamera (n)	['videʉ ‚kamera]
cámara (f) fotográfica	kamera (n)	['kamera]
cámara (f) digital	digitalkamera (n)	[digi'tal ‚kamera]

aspirador (m)	støvsuger (m)	['støf‚sʉgər]
plancha (f)	strykejern (n)	['strykə‚jæ:ɳ]
tabla (f) de planchar	strykebrett (n)	['strykə‚brɛt]

teléfono (m)	telefon (m)	[tele'fʉn]
teléfono (m) móvil	mobiltelefon (m)	[mʉ'bil tele'fʉn]
máquina (f) de escribir	skrivemaskin (m)	['skrivə ma‚ʂin]
máquina (f) de coser	symaskin (m)	['si:ma‚ʂin]

micrófono (m)	mikrofon (m)	[mikrʉ'fʉn]
auriculares (m pl)	hodetelefoner (n pl)	['hɔdətelə‚fʉnər]
mando (m) a distancia	fjernkontroll (m)	['fjæ:ɳ kʉn'trɔl]

CD (m)	CD-rom (m)	['sɛdɛ‚rʉm]
casete (m)	kassett (m)	[ka'sɛt]
disco (m) de vinilo	plate, skive (m/f)	['platə], ['ʂivə]

LA TIERRA. EL TIEMPO

74. El espacio

cosmos (m)	rommet, kosmos (n)	['rʊmə], ['kɔsmɔs]
espacial, cósmico (adj)	rom-	['rʊm-]
espacio (m) cósmico	ytre rom (n)	['ytrə ˌrʊm]
mundo (m)	verden (m)	['værdən]
universo (m)	univers (n)	[ʉni'væʂ]
galaxia (f)	galakse (m)	[ga'laksə]
estrella (f)	stjerne (m/f)	['stjæːŋə]
constelación (f)	stjernebilde (n)	['stjæːŋəˌbildə]
planeta (m)	planet (m)	[pla'net]
satélite (m)	satellitt (m)	[satɛ'lit]
meteorito (m)	meteoritt (m)	[meteʊ'rit]
cometa (f)	komet (m)	[kʊ'met]
asteroide (m)	asteroide (n)	[asterʊ'idə]
órbita (f)	bane (m)	['banə]
girar (vi)	å rotere	[ɔ rɔ'terə]
atmósfera (f)	atmosfære (m)	[atmʊ'sfærə]
Sol (m)	Solen	['sʊlən]
Sistema (m) Solar	solsystem (n)	['sʊl sʏ'stem]
eclipse (m) de Sol	solformørkelse (m)	['sʊl for'mœrkəlsə]
Tierra (f)	Jorden	['juːrən]
Luna (f)	Månen	['moːnən]
Marte (m)	Mars	['maʂ]
Venus (f)	Venus	['venʉs]
Júpiter (m)	Jupiter	['jʉpitər]
Saturno (m)	Saturn	['saˌtʉːŋ]
Mercurio (m)	Merkur	[mær'kʉr]
Urano (m)	Uranus	[ʉ'ranʉs]
Neptuno (m)	Neptun	[nɛp'tʉn]
Plutón (m)	Pluto	['plʉtʉ]
la Vía Láctea	Melkeveien	['mɛlkəˌvæjən]
la Osa Mayor	den Store Bjørn	['dən 'stʊrə ˌbjœːŋ]
la Estrella Polar	Nordstjernen, Polaris	['nʊːrˌstjæːŋən], [pɔ'laris]
marciano (m)	marsbeboer (m)	['maʂˌbebʊər]
extraterrestre (m)	utenomjordisk vesen (n)	['ʉtənɔmjuːrdisk 'vesən]
planetícola (m)	romvesen (n)	['rʊmˌvesən]

platillo (m) volante	flygende tallerken (m)	['flygenə ta'lærkən]
nave (f) espacial	romskip (n)	['rʊm‚ʂip]
estación (f) orbital	romstasjon (m)	['rʊm‚sta'ʂʊn]
despegue (m)	start (m), oppskyting (m/f)	['staːt], ['ɔp‚sytiŋ]

motor (m)	motor (m)	['mɔtʊr]
tobera (f)	dyse (m)	['dysə]
combustible (m)	brensel (n), drivstoff (n)	['brɛnsəl], ['drif‚stɔf]

| carlinga (f) | cockpit (m), flydekk (n) | ['kɔkpit], ['fly‚dɛk] |
| antena (f) | antenne (m) | [an'tɛnə] |

ventana (f)	koøye (n)	['kʊ‚øjə]
batería (f) solar	solbatteri (n)	['sʊl batɛ'ri]
escafandra (f)	romdrakt (m/f)	['rʊm‚drakt]

| ingravidez (f) | vektløshet (m/f) | ['vɛktløs‚het] |
| oxígeno (m) | oksygen (n) | ['ɔksy'gen] |

| atraque (m) | dokking (m/f) | ['dɔkiŋ] |
| realizar el atraque | å dokke | [ɔ 'dɔkə] |

| observatorio (m) | observatorium (n) | [ɔbsərva'tʊrium] |
| telescopio (m) | teleskop (n) | [tele'skʊp] |

| observar (vt) | å observere | [ɔ ɔbsɛr'verə] |
| explorar (~ el universo) | å utforske | [ɔ 'ʉt‚føʂkə] |

75. La tierra

Tierra (f)	Jorden	['juːrən]
globo (m) terrestre	jordklode (m)	['juːr‚klɔdə]
planeta (m)	planet (m)	[pla'net]

atmósfera (f)	atmosfære (m)	[atmʊ'sfærə]
geografía (f)	geografi (m)	[geʊgra'fi]
naturaleza (f)	natur (m)	[na'tʉr]

globo (m) terráqueo	globus (m)	['glɔbʉs]
mapa (m)	kart (n)	['kaːt]
atlas (m)	atlas (n)	['atlas]

| Europa (f) | Europa | [ɛʉ'rʊpa] |
| Asia (f) | Asia | ['asia] |

| África (f) | Afrika | ['afrika] |
| Australia (f) | Australia | [aʉ'stralia] |

América (f)	Amerika	[a'merika]
América (f) del Norte	Nord-Amerika	['nʊːr a'merika]
América (f) del Sur	Sør-Amerika	['sør a'merika]

| Antártida (f) | Antarktis | [an'tarktis] |
| Ártico (m) | Arktis | ['arktis] |

76. Los puntos cardinales

norte (m)	nord (n)	['nuːr]
al norte	mot nord	[mʊt 'nuːr]
en el norte	i nord	[i 'nuːr]
del norte (adj)	nordlig	['nuːrli]
sur (m)	syd, sør	['syd], ['sør]
al sur	mot sør	[mʊt 'sør]
en el sur	i sør	[i 'sør]
del sur (adj)	sydlig, sørlig	['sydli], ['søːli]
oeste (m)	vest (m)	['vɛst]
al oeste	mot vest	[mʊt 'vɛst]
en el oeste	i vest	[i 'vɛst]
del oeste (adj)	vestlig, vest-	['vɛstli]
este (m)	øst (m)	['øst]
al este	mot øst	[mʊt 'øst]
en el este	i øst	[i 'øst]
del este (adj)	østlig	['østli]

77. El mar. El océano

mar (m)	hav (n)	['hɑv]
océano (m)	verdenshav (n)	[væerdəns'hɑv]
golfo (m)	bukt (m/f)	['bʉkt]
estrecho (m)	sund (n)	['sʉn]
tierra (f) firme	fastland (n)	['fast‚lɑn]
continente (m)	fastland, kontinent (n)	['fast‚lɑn], [kʊnti'nɛnt]
isla (f)	øy (m/f)	['øj]
península (f)	halvøy (m/f)	['hɑl‚øːj]
archipiélago (m)	skjærgård (m), arkipelag (n)	['ʂær‚gɔr], [arkipe'lɑg]
bahía (f)	bukt (m/f)	['bʉkt]
puerto (m)	havn (m/f)	['hɑvn]
laguna (f)	lagune (m)	[lɑ'gʉnə]
cabo (m)	nes (n), kapp (n)	['nes], ['kɑp]
atolón (m)	atoll (m)	[ɑ'tɔl]
arrecife (m)	rev (n)	['rev]
coral (m)	korall (m)	[kʊ'rɑl]
arrecife (m) de coral	korallrev (n)	[kʊ'rɑl‚rɛv]
profundo (adj)	dyp	['dyp]
profundidad (f)	dybde (m)	['dybdə]
abismo (m)	avgrunn (m)	['ɑv‚grʉn]
fosa (f) oceánica	dyphavsgrop (m/f)	['dyphɑfs‚grɔp]
corriente (f)	strøm (m)	['strøm]
bañar (rodear)	å omgi	[ɔ 'ɔmˌji]
orilla (f)	kyst (m)	['çyst]

costa (f)	**kyst** (m)	['çyst]
flujo (m)	**flo** (m/f)	['flʉ]
reflujo (m)	**ebbe** (m), **fjære** (m/f)	['ɛbə], ['fjærə]
banco (m) de arena	**sandbanke** (m)	['san‚bankə]
fondo (m)	**bunn** (m)	['bʉn]

ola (f)	**bølge** (m)	['bølgə]
cresta (f) de la ola	**bølgekam** (m)	['bølgə‚kam]
espuma (f)	**skum** (n)	['skʉm]

tempestad (f)	**storm** (m)	['stɔrm]
huracán (m)	**orkan** (m)	[ɔr'kan]
tsunami (m)	**tsunami** (m)	[tsʉ'nami]
bonanza (f)	**stille** (m/f)	['stilə]
calmo, tranquilo	**stille**	['stilə]

polo (m)	**pol** (m)	['pʉl]
polar (adj)	**pol-, polar**	['pʉl-], [pʉ'lar]

latitud (f)	**bredde, latitude** (m)	['brɛdə], ['lati‚tʉdə]
longitud (f)	**lengde** (m/f)	['leŋdə]
paralelo (m)	**breddegrad** (m)	['brɛdə‚grad]
ecuador (m)	**ekvator** (m)	[ɛ'kvatʉr]

cielo (m)	**himmel** (m)	['himəl]
horizonte (m)	**horisont** (m)	[hʉri'sɔnt]
aire (m)	**luft** (f)	['lʉft]

faro (m)	**fyr** (n)	['fyr]
bucear (vi)	**å dykke**	[ɔ 'dʏkə]
hundirse (vr)	**å synke**	[ɔ 'sʏnkə]
tesoros (m pl)	**skatter** (m pl)	['skatər]

78. Los nombres de los mares y los océanos

océano (m) Atlántico	**Atlanterhavet**	[at'lantər‚have]
océano (m) Índico	**Indiahavet**	['india‚have]
océano (m) Pacífico	**Stillehavet**	['stilə‚have]
océano (m) Glacial Ártico	**Polhavet**	['pol‚have]

mar (m) Negro	**Svartehavet**	['sva:ʈə‚have]
mar (m) Rojo	**Rødehavet**	['rødə‚have]
mar (m) Amarillo	**Gulehavet**	['gʉlə‚have]
mar (m) Blanco	**Kvitsjøen, Hvitehavet**	['kvit‚şø:n], ['vit‚have]

mar (m) Caspio	**Kaspihavet**	['kaspi‚have]
mar (m) Muerto	**Dødehavet**	['dødə'have]
mar (m) Mediterráneo	**Middelhavet**	['midəl‚have]

mar (m) Egeo	**Egeerhavet**	[ɛ'ge:ər‚have]
mar (m) Adriático	**Adriahavet**	['adria‚have]

mar (m) Arábigo	**Arabiahavet**	[a'rabia‚have]
mar (m) del Japón	**Japanhavet**	['japan‚have]

| mar (m) de Bering | Beringhavet | ['beriŋˌhave] |
| mar (m) de la China Meridional | Sør-Kina-havet | ['sørˌçina 'have] |

mar (m) del Coral	Korallhavet	[kʊ'ralˌhave]
mar (m) de Tasmania	Tasmanhavet	[tas'manˌhave]
mar (m) Caribe	Karibhavet	[ka'ribˌhave]

| mar (m) de Barents | Barentshavet | ['barɛnsˌhave] |
| mar (m) de Kara | Karahavet | ['karaˌhave] |

mar (m) del Norte	Nordsjøen	['nʊːrˌʂøːn]
mar (m) Báltico	Østersjøen	['østəˌʂøːn]
mar (m) de Noruega	Norskehavet	['nɔʂkəˌhave]

79. Las montañas

montaña (f)	fjell (n)	['fjɛl]
cadena (f) de montañas	fjellkjede (m)	['fjɛlˌçɛːdə]
cresta (f) de montañas	fjellrygg (m)	['fjɛlˌrʏg]

cima (f)	topp (m)	['tɔp]
pico (m)	tind (m)	['tin]
pie (m)	fot (m)	['fʊt]
cuesta (f)	skråning (m)	['skrɔniŋ]

volcán (m)	vulkan (m)	[vʉl'kan]
volcán (m) activo	virksom vulkan (m)	['virksɔm vʉl'kan]
volcán (m) apagado	utslukt vulkan (m)	['ʉtˌslʉkt vʉl'kan]

erupción (f)	utbrudd (n)	['ʉtˌbrʉd]
cráter (m)	krater (n)	['kratər]
magma (f)	magma (m/n)	['magma]
lava (f)	lava (m)	['lava]
fundido (lava ~a)	glødende	['glødenə]

cañón (m)	canyon (m)	['kanjən]
desfiladero (m)	gjel (n), kløft (m)	['jel], ['klœft]
grieta (f)	renne (m/f)	['rɛnə]
precipicio (m)	avgrunn (m)	['avˌgrʉn]

puerto (m) (paso)	pass (n)	['pas]
meseta (f)	platå (n)	[pla'to]
roca (f)	klippe (m)	['klipə]
colina (f)	ås (m)	['ɔs]

glaciar (m)	bre, jøkel (m)	['bre], ['jøkəl]
cascada (f)	foss (m)	['fɔs]
geiser (m)	geysir (m)	['gɛjsir]
lago (m)	innsjø (m)	['in'ʂø]

llanura (f)	slette (m/f)	['ʂletə]
paisaje (m)	landskap (n)	['lanˌskap]
eco (m)	ekko (n)	['ɛkʊ]

alpinista (m)	alpinist (m)	[alpi'nist]
escalador (m)	fjellklatrer (m)	['fjɛl̩ˌklatrər]
conquistar (vt)	å erobre	[ɔ ɛ'rʊbrə]
ascensión (f)	bestigning (m/f)	[be'stigniŋ]

80. Los nombres de las montañas

Alpes (m pl)	Alpene	['alpenə]
Montblanc (m)	Mont Blanc	[ˌmɔn'blan]
Pirineos (m pl)	Pyreneene	[pyre'neːənə]

Cárpatos (m pl)	Karpatene	[kar'patenə]
Urales (m pl)	Uralfjellene	[ʉ'ral ˌfjɛlenə]
Cáucaso (m)	Kaukasus	['kaʊkasʉs]
Elbrus (m)	Elbrus	[ɛl'brʉs]

Altai (m)	Altaj	[al'taj]
Tian-Shan (m)	Tien Shan	[ti'enˌsan]
Pamir (m)	Pamir	[pa'mir]
Himalayos (m pl)	Himalaya	[hima'laja]
Everest (m)	Everest	['ɛve'rɛst]

| Andes (m pl) | Andes | ['andəs] |
| Kilimanjaro (m) | Kilimanjaro | [kiliman'dʂarʊ] |

81. Los ríos

río (m)	elv (m/f)	['ɛlv]
manantial (m)	kilde (m)	['çildə]
lecho (m) (curso de agua)	elveleie (n)	['ɛlvəˌlæje]
cuenca (f) fluvial	flodbasseng (n)	['flʊd baˌseŋ]
desembocar en …	å munne ut …	[ɔ 'mʉnə ʉt …]

| afluente (m) | bielv (m/f) | ['biˌelv] |
| ribera (f) | bredd (m) | ['brɛd] |

corriente (f)	strøm (m)	['strøm]
río abajo (adv)	medstrøms	['meˌstrøms]
río arriba (adv)	motstrøms	['mʊtˌstrøms]

inundación (f)	oversvømmelse (m)	['ʊvəˌsvœmelsə]
riada (f)	flom (m)	['flɔm]
desbordarse (vr)	å overflø	[ɔ 'ʊvərˌflø]
inundar (vt)	å oversvømme	[ɔ 'ʊveˌsvœmə]

| bajo (m) arenoso | grunne (m/f) | ['grʉnə] |
| rápido (m) | stryk (m/n) | ['stryk] |

presa (f)	demning (m)	['dɛmniŋ]
canal (m)	kanal (m)	[ka'nal]
lago (m) artificiale	reservoar (n)	[resɛrvʊ'ar]
esclusa (f)	sluse (m)	['ʂlʉsə]

cuerpo (m) de agua	vannmasse (m)	['van‚masə]
pantano (m)	myr, sump (m)	['myr], ['sʉmp]
ciénaga (m)	hengemyr (m)	['hɛŋe‚myr]
remolino (m)	virvel (m)	['virvəl]
arroyo (m)	bekk (m)	['bɛk]
potable (adj)	drikke-	['drikə-]
dulce (agua ~)	fersk-	['fæʂk-]
hielo (m)	is (m)	['is]
helarse (el lago, etc.)	å fryse til	[ɔ 'frysə til]

82. Los nombres de los ríos

Sena (m)	Seine	['sɛ:n]
Loira (m)	Loire	[lu'a:r]
Támesis (m)	Themsen	['tɛmsən]
Rin (m)	Rhinen	['ri:nən]
Danubio (m)	Donau	['dɔnaʉ]
Volga (m)	Volga	['vɔlga]
Don (m)	Don	['dɔn]
Lena (m)	Lena	['lena]
Río (m) Amarillo	Huang He	[‚hwan'hɛ]
Río (m) Azul	Yangtze	['jaɳtse]
Mekong (m)	Mekong	[me'kɔŋ]
Ganges (m)	Ganges	['gaɳes]
Nilo (m)	Nilen	['nilən]
Congo (m)	Kongo	['kɔngʉ]
Okavango (m)	Okavango	[ʉka'vangʉ]
Zambeze (m)	Zambezi	[sam'besi]
Limpopo (m)	Limpopo	[limpɔ'pɔ]
Misisipí (m)	Mississippi	['misi'sipi]

83. El bosque

bosque (m)	skog (m)	['skʉg]
de bosque (adj)	skog-	['skʉg-]
espesura (f)	tett skog (n)	['tɛt ‚skʉg]
bosquecillo (m)	lund (m)	['lʉn]
claro (m)	glenne (m/f)	['glene]
maleza (f)	krattskog (m)	['krat‚skʉg]
matorral (m)	kratt (n)	['krat]
senda (f)	sti (m)	['sti]
barranco (m)	ravine (m)	[ra'vinə]
árbol (m)	tre (n)	['trɛ]

| hoja (f) | blad (n) | ['bla] |
| follaje (m) | løv (n) | ['løv] |

caída (f) de hojas	løvfall (n)	['løv‚fal]
caer (las hojas)	å falle	[ɔ 'falə]
cima (f)	tretopp (m)	['trɛ‚tɔp]

rama (f)	kvist, gren (m)	['kvist], ['gren]
rama (f) (gruesa)	gren, grein (m/f)	['gren], ['græjn]
brote (m)	knopp (m)	['knɔp]
aguja (f)	nål (m/f)	['nɔl]
piña (f)	kongle (m/f)	['kʊŋlə]

agujero (m)	trehull (n)	['trɛ‚hʉl]
nido (m)	reir (n)	['ræjr]
madriguera (f)	hule (m/f)	['hʉlə]

tronco (m)	stamme (m)	['stamə]
raíz (f)	rot (m/f)	['rʊt]
corteza (f)	bark (m)	['bark]
musgo (m)	mose (m)	['mʊsə]

extirpar (vt)	å rykke opp med roten	[ɔ 'rʏkə ɔp me 'rutən]
talar (vt)	å felle	[ɔ 'fɛlə]
deforestar (vt)	å hogge ned	[ɔ 'hɔgə 'ne]
tocón (m)	stubbe (m)	['stʉbə]

hoguera (f)	bål (n)	['bɔl]
incendio (m)	skogbrann (m)	['skʊg‚bran]
apagar (~ el incendio)	å slokke	[ɔ 'ʂløkə]

guarda (m) forestal	skogvokter (m)	['skʊg‚vɔktər]
protección (f)	vern (n), beskyttelse (m)	['væ:ɳ], ['be‚ʂytəlsə]
proteger (vt)	å beskytte	[ɔ be'ʂytə]
cazador (m) furtivo	tyvskytter (m)	['tyf‚ʂytər]
cepo (m)	saks (m/f)	['saks]

| recoger (setas, bayas) | å plukke | [ɔ 'plʉkə] |
| perderse (vr) | å gå seg vill | [ɔ 'gɔ sæj 'vil] |

84. Los recursos naturales

recursos (m pl) naturales	naturressurser (m pl)	[na'tʉr rɛ'sʉsər]
minerales (m pl)	mineraler (n pl)	[minə'ralər]
depósitos (m pl)	forekomster (m pl)	['forə‚kɔmstər]
yacimiento (m)	felt (m)	['fɛlt]

extraer (vt)	å utvinne	[ɔ 'ʉt‚vinə]
extracción (f)	utvinning (m/f)	['ʉt‚viniŋ]
mineral (m)	malm (m)	['malm]
mina (f)	gruve (m/f)	['grʉvə]
pozo (m) de mina	gruvesjakt (m/f)	['grʉvə‚ʂakt]
minero (m)	gruvearbeider (m)	['grʉvə‚ar‚bæjdər]
gas (m)	gass (m)	['gas]

gasoducto (m)	gassledning (m)	['gas‚ledniŋ]
petróleo (m)	olje (m)	['ɔljə]
oleoducto (m)	oljeledning (m)	['ɔljə‚ledniŋ]
torre (f) petrolera	oljebrønn (m)	['ɔljə‚brœn]
torre (f) de sondeo	boretårn (n)	['bo:rə‚to:n]
petrolero (m)	tankskip (n)	['tank‚ʂip]

arena (f)	sand (m)	['san]
caliza (f)	kalkstein (m)	['kalk‚stæjn]
grava (f)	grus (m)	['grʉs]
turba (f)	torv (m/f)	['tɔrv]
arcilla (f)	leir (n)	['læjr]
carbón (m)	kull (n)	['kʉl]

hierro (m)	jern (n)	['jæ:ŋ]
oro (m)	gull (n)	['gʉl]
plata (f)	sølv (n)	['søl]
níquel (m)	nikkel (m)	['nikəl]
cobre (m)	kobber (n)	['kɔbər]

zinc (m)	sink (m/n)	['sink]
manganeso (m)	mangan (m/n)	[ma'ŋan]
mercurio (m)	kvikksølv (n)	['kvik‚søl]
plomo (m)	bly (n)	['bly]

mineral (m)	mineral (n)	[minə'ral]
cristal (m)	krystall (m/n)	[kry'stal]
mármol (m)	marmor (m/n)	['marmʊr]
uranio (m)	uran (m/n)	[ʉ'ran]

85. El tiempo

tiempo (m)	vær (n)	['vær]
previsión (m) del tiempo	værvarsel (n)	['vær‚vaʂəl]
temperatura (f)	temperatur (m)	[tɛmpəra'tʉr]
termómetro (m)	termometer (n)	[tɛrmʊ'metər]
barómetro (m)	barometer (n)	[barʊ'metər]

húmedo (adj)	fuktig	['fʉkti]
humedad (f)	fuktighet (m)	['fʉkti‚het]
bochorno (m)	hete (m)	['he:tə]
tórrido (adj)	het	['het]
hace mucho calor	det er hett	[de ær 'het]

| hace calor (templado) | det er varmt | [de ær 'varmt] |
| templado (adj) | varm | ['varm] |

| hace frío | det er kaldt | [de ær 'kalt] |
| frío (adj) | kald | ['kal] |

sol (m)	sol (m/f)	['sʊl]
brillar (vi)	å skinne	[ɔ 'ʂinə]
soleado (un día ~)	solrik	['sʊl‚rik]
elevarse (el sol)	å gå opp	[ɔ 'gɔ ɔp]

ponerse (vr)	å gå ned	[ɔ 'gɔ ne]
nube (f)	sky (m)	['ṣy]
nuboso (adj)	skyet	['ṣy:ət]
nubarrón (m)	regnsky (m/f)	['ræjn‚ṣy]
nublado (adj)	mørk	['mœrk]

lluvia (f)	regn (n)	['ræjn]
está lloviendo	det regner	[de 'ræjnər]
lluvioso (adj)	regnværs-	['ræjn‚væṣ-]
lloviznar (vi)	å småregne	[ɔ 'smo:ræjnə]

aguacero (m)	piskende regn (n)	['piskenə ‚ræjn]
chaparrón (m)	styrtregn (n)	['sty:t̞‚ræjn]
fuerte (la lluvia ~)	kraftig, sterk	['krɑfti], ['stærk]
charco (m)	vannpytt (m)	['vɑn‚pyt]
mojarse (vr)	å bli våt	[ɔ 'bli 'vɔt]

niebla (f)	tåke (m/f)	['to:kə]
nebuloso (adj)	tåke	['to:kə]
nieve (f)	snø (m)	['snø]
está nevando	det snør	[de 'snør]

86. Los eventos climáticos severos. Los desastres naturales

tormenta (f)	tordenvær (n)	['tʊrdən‚vær]
relámpago (m)	lyn (n)	['lyn]
relampaguear (vi)	å glimte	[ɔ 'glimtə]

trueno (m)	torden (m)	['tʊrdən]
tronar (vi)	å tordne	[ɔ 'tʊrdnə]
está tronando	det tordner	[de 'tʊrdnər]

granizo (m)	hagle (m/f)	['hɑglə]
está granizando	det hagler	[de 'hɑglər]

inundar (vt)	å oversvømme	[ɔ 'ɔvə‚svœmə]
inundación (f)	oversvømmelse (m)	['ɔvə‚svœməlsə]

terremoto (m)	jordskjelv (n)	['ju:r‚ṣɛlv]
sacudida (f)	skjelv (n)	['ṣɛlv]
epicentro (m)	episenter (n)	[ɛpi'sɛntər]

erupción (f)	utbrudd (n)	['ʉt‚brʉd]
lava (f)	lava (m)	['lɑvɑ]

torbellino (m)	skypumpe (m/f)	['ṣy‚pʉmpə]
tornado (m)	tornado (m)	[tʊ:'ŋɑdʉ]
tifón (m)	tyfon (m)	[ty'fʊn]

huracán (m)	orkan (m)	[ɔr'kɑn]
tempestad (f)	storm (m)	['stɔrm]
tsunami (m)	tsunami (m)	[tsʉ'nɑmi]
ciclón (m)	syklon (m)	[sy'klun]
mal tiempo (m)	uvær (n)	['ʉ:‚vær]

incendio (m)	**brann** (m)	['brɑn]
catástrofe (f)	**katastrofe** (m)	[kɑtɑ'strɔfə]
meteorito (m)	**meteoritt** (m)	[meteu'rit]
avalancha (f)	**lavine** (m)	[lɑ'vinə]
alud (m) de nieve	**snøskred, snøras** (n)	['snø‚skred], ['snørɑs]
ventisca (f)	**snøstorm** (m)	['snø‚stɔrm]
nevasca (f)	**snøstorm** (m)	['snø‚stɔrm]

LA FAUNA

87. Los mamíferos. Los predadores

carnívoro (m)	rovdyr (n)	['rɔv,dyr]
tigre (m)	tiger (m)	['tigər]
león (m)	løve (m/f)	['løve]
lobo (m)	ulv (m)	['ʉlv]
zorro (m)	rev (m)	['rev]
jaguar (m)	jaguar (m)	[jagʉ'ar]
leopardo (m)	leopard (m)	[leʉ'pard]
guepardo (m)	gepard (m)	[ge'pard]
pantera (f)	panter (m)	['pantər]
puma (f)	puma (m)	['pʉma]
leopardo (m) de las nieves	snøleopard (m)	['snø leʉ'pard]
lince (m)	gaupe (m/f)	['gaʉpə]
coyote (m)	coyote, prærieulv (m)	[kɔ'jotə], ['præri,ʉlv]
chacal (m)	sjakal (m)	[ʂa'kal]
hiena (f)	hyene (m)	[hy'enə]

88. Los animales salvajes

animal (m)	dyr (n)	['dyr]
bestia (f)	best, udyr (n)	['bɛst], ['ʉ,dyr]
ardilla (f)	ekorn (n)	['ɛkʉ:ŋ]
erizo (m)	pinnsvin (n)	['pin,svin]
liebre (f)	hare (m)	['harə]
conejo (m)	kanin (m)	[ka'nin]
tejón (m)	grevling (m)	['grɛvliŋ]
mapache (m)	vaskebjørn (m)	['vaskə,bjœ:ŋ]
hámster (m)	hamster (m)	['hamstər]
marmota (f)	murmeldyr (n)	['mʉrmel,dyr]
topo (m)	muldvarp (m)	['mʉl,varp]
ratón (m)	mus (m/f)	['mʉs]
rata (f)	rotte (m/f)	['rotə]
murciélago (m)	flaggermus (m/f)	['flagər,mʉs]
armiño (m)	røyskatt (m)	['røjskat]
cebellina (f)	sobel (m)	['sʉbel]
marta (f)	mår (m)	['mɔr]
comadreja (f)	snømus (m/f)	['snø,mʉs]
visón (m)	mink (m)	['mink]

castor (m)	bever (m)	['bevər]
nutria (f)	oter (m)	['ʊtər]
caballo (m)	hest (m)	['hɛst]
alce (m)	elg (m)	['ɛlg]
ciervo (m)	hjort (m)	['joːt]
camello (m)	kamel (m)	[ka'mel]
bisonte (m)	bison (m)	['bisɔn]
uro (m)	urokse (m)	['ʉrˌʊksə]
búfalo (m)	bøffel (m)	['bøfəl]
cebra (f)	sebra (m)	['sebra]
antílope (m)	antilope (m)	[anti'lʊpə]
corzo (m)	rådyr (n)	['rɔˌdyr]
gamo (m)	dåhjort, dådyr (n)	['dɔˌjoːt], ['dɔˌdyr]
gamuza (f)	gemse (m)	['gɛmsə]
jabalí (m)	villsvin (n)	['vilˌsvin]
ballena (f)	hval (m)	['val]
foca (f)	sel (m)	['sel]
morsa (f)	hvalross (m)	['valˌrɔs]
oso (m) marino	pelssel (m)	['pɛlsˌsel]
delfín (m)	delfin (m)	[dɛl'fin]
oso (m)	bjørn (m)	['bjœːŋ]
oso (m) blanco	isbjørn (m)	['isˌbjœːŋ]
panda (f)	panda (m)	['panda]
mono (m)	ape (m/f)	['ape]
chimpancé (m)	sjimpanse (m)	[ʂim'pansə]
orangután (m)	orangutang (m)	[ʊ'raŋgʉˌtaŋ]
gorila (m)	gorilla (m)	[gɔ'rila]
macaco (m)	makak (m)	[ma'kak]
gibón (m)	gibbon (m)	['gibʊn]
elefante (m)	elefant (m)	[ɛle'fant]
rinoceronte (m)	neshorn (n)	['nesˌhʊːŋ]
jirafa (f)	sjiraff (m)	[ʂi'raf]
hipopótamo (m)	flodhest (m)	['flʊdˌhɛst]
canguro (m)	kenguru (m)	['kɛŋgʉrʉ]
koala (f)	koala (m)	[kʊ'ala]
mangosta (f)	mangust, mungo (m)	[maŋ'gʉst], ['mʉŋgu]
chinchilla (f)	chinchilla (m)	[ʂin'ʂila]
mofeta (f)	skunk (m)	['skunk]
espín (m)	hulepinnsvin (n)	['hʉləˌpinsvin]

89. Los animales domésticos

gata (f)	katt (m)	['kat]
gato (m)	hannkatt (m)	['hanˌkat]
perro (m)	hund (m)	['hʉn]

caballo (m)	hest (m)	['hɛst]
garañón (m)	hingst (m)	['hiŋst]
yegua (f)	hoppe, merr (m/f)	['hɔpə], ['mɛr]
vaca (f)	ku (f)	['kʉ]
toro (m)	tyr (m)	['tyr]
buey (m)	okse (m)	['ɔksə]
oveja (f)	sau (m)	['saʋ]
carnero (m)	vær, saubukk (m)	['vær], ['saʋˌbʉk]
cabra (f)	geit (m/f)	['jæjt]
cabrón (m)	geitebukk (m)	['jæjtəˌbʉk]
asno (m)	esel (n)	['ɛsəl]
mulo (m)	muldyr (n)	['mʉlˌdyr]
cerdo (m)	svin (n)	['svin]
cerdito (m)	gris (m)	['gris]
conejo (m)	kanin (m)	[ka'nin]
gallina (f)	høne (m/f)	['hønə]
gallo (m)	hane (m)	['hanə]
pato (m)	and (m/f)	['an]
ánade (m)	andrik (m)	['andrik]
ganso (m)	gås (m/f)	['gɔs]
pavo (m)	kalkunhane (m)	[kal'kʉnˌhanə]
pava (f)	kalkunhøne (m/f)	[kal'kʉnˌhønə]
animales (m pl) domésticos	husdyr (n pl)	['hʉsˌdyr]
domesticado (adj)	tam	['tam]
domesticar (vt)	å temme	[ɔ 'tɛmə]
criar (vt)	å avle, å oppdrette	[ɔ 'avlə], [ɔ 'ɔpˌdrɛtə]
granja (f)	farm, gård (m)	['farm], ['gɔːr]
aves (f pl) de corral	fjærfe (n)	['fjærˌfɛ]
ganado (m)	kveg (n)	['kvɛg]
rebaño (m)	flokk, bøling (m)	['flɔk], ['bøliŋ]
caballeriza (f)	stall (m)	['stal]
porqueriza (f)	grisehus (n)	['grisəˌhʉs]
vaquería (f)	kufjøs (m/n)	['kuˌfjøs]
conejal (m)	kaninbur (n)	[ka'ninˌbʉr]
gallinero (m)	hønsehus (n)	['hønsəˌhʉs]

90. Los pájaros

pájaro (m)	fugl (m)	['fʉl]
paloma (f)	due (m/f)	['dʉə]
gorrión (m)	spurv (m)	['spʉrv]
paro (m)	kjøttmeis (m/f)	['çœtˌmæjs]
cotorra (f)	skjære (m/f)	['ʂærə]
cuervo (m)	ravn (m)	['ravn]

corneja (f)	**kråke** (m)	['kro:kə]
chova (f)	**kaie** (m/f)	['kajə]
grajo (m)	**kornkråke** (m/f)	['kʊːn̩ˌkro:kə]
pato (m)	**and** (m/f)	['an]
ganso (m)	**gås** (m/f)	['gɔs]
faisán (m)	**fasan** (m)	[fa'san]
águila (f)	**ørn** (m/f)	['œːn̩]
azor (m)	**hauk** (m)	['haʊk]
halcón (m)	**falk** (m)	['falk]
buitre (m)	**gribb** (m)	['grib]
cóndor (m)	**kondor** (m)	[kʊn'dʊr]
cisne (m)	**svane** (m/f)	['svanə]
grulla (f)	**trane** (m/f)	['tranə]
cigüeña (f)	**stork** (m)	['stɔrk]
loro (m), papagayo (m)	**papegøye** (m)	[pape'gøjə]
colibrí (m)	**kolibri** (m)	[kʊ'libri]
pavo (m) real	**påfugl** (m)	['pɔˌfʉl]
avestruz (m)	**struts** (m)	['strʉts]
garza (f)	**hegre** (m)	['hæjrə]
flamenco (m)	**flamingo** (m)	[fla'mingʊ]
pelícano (m)	**pelikan** (m)	[peli'kan]
ruiseñor (m)	**nattergal** (m)	['natərˌgal]
golondrina (f)	**svale** (m/f)	['svalə]
tordo (m)	**trost** (m)	['trʊst]
zorzal (m)	**måltrost** (m)	['mo:lˌtrʊst]
mirlo (m)	**svarttrost** (m)	['svaːˌtrʊst]
vencejo (m)	**tårnseiler** (m), **tårnsvale** (m/f)	['tɔːn̩ˌsæjlə], ['tɔːn̩ˌsvalə]
alondra (f)	**lerke** (m/f)	['lærkə]
codorniz (f)	**vaktel** (m)	['vaktəl]
pico (m)	**hakkespett** (m)	['hakəˌspɛt]
cuco (m)	**gjøk, gauk** (m)	['jøk], ['gaʊk]
lechuza (f)	**ugle** (m/f)	['ʉglə]
búho (m)	**hubro** (m)	['hʉbrʊ]
urogallo (m)	**storfugl** (m)	['stʊrˌfʉl]
gallo lira (m)	**orrfugl** (m)	['ɔrˌfʉl]
perdiz (f)	**rapphøne** (m/f)	['rapˌhønə]
estornino (m)	**stær** (m)	['stær]
canario (m)	**kanarifugl** (m)	[ka'nariˌfʉl]
ortega (f)	**jerpe** (m/f)	['jærpə]
pinzón (m)	**bokfink** (m)	['bʊkˌfink]
camachuelo (m)	**dompap** (m)	['dʊmpap]
gaviota (f)	**måke** (m/f)	['mo:kə]
albatros (m)	**albatross** (m)	['albaˌtrɔs]
pingüino (m)	**pingvin** (m)	[piŋ'vin]

91. Los peces. Los animales marinos

brema (f)	brasme (m/f)	['brɑsmə]
carpa (f)	karpe (m)	['kɑrpə]
perca (f)	åbor (m)	['obɔr]
siluro (m)	malle (m)	['mɑlə]
lucio (m)	gjedde (m/f)	['jɛdə]
salmón (m)	laks (m)	['lɑks]
esturión (m)	stør (m)	['stør]
arenque (m)	sild (m/f)	['sil]
salmón (m) del Atlántico	atlanterhavslaks (m)	[at'lɑntərhɑfs‚lɑks]
caballa (f)	makrell (m)	[mɑ'krɛl]
lenguado (m)	rødspette (m/f)	['rø‚spɛtə]
lucioperca (m)	gjørs (m)	['jøːʂ]
bacalao (m)	torsk (m)	['tɔʂk]
atún (m)	tunfisk (m)	['tʉn‚fisk]
trucha (f)	ørret (m)	['øret]
anguila (f)	ål (m)	['ɔl]
tembladera (f)	elektrisk rokke (m/f)	[ɛ'lektrisk ‚rɔkə]
morena (f)	murene (m)	[mʉ'rɛnə]
piraña (f)	piraja (m)	[pi'rɑja]
tiburón (m)	hai (m)	['hɑj]
delfín (m)	delfin (m)	[dɛl'fin]
ballena (f)	hval (m)	['vɑl]
centolla (f)	krabbe (m)	['krɑbə]
medusa (f)	manet (m/f), meduse (m)	['mɑnet], [me'dʉsə]
pulpo (m)	blekksprut (m)	['blek‚sprʉt]
estrella (f) de mar	sjøstjerne (m/f)	['ʂø‚stjæːɳə]
erizo (m) de mar	sjøpinnsvin (n)	['ʂøː'pin‚svin]
caballito (m) de mar	sjøhest (m)	['ʂø‚hɛst]
ostra (f)	østers (m)	['østəʂ]
camarón (m)	reke (m/f)	['rekə]
bogavante (m)	hummer (m)	['hʉmər]
langosta (f)	langust (m)	[lɑŋ'gʉst]

92. Los anfibios. Los reptiles

serpiente (f)	slange (m)	['ʂlɑŋə]
venenoso (adj)	giftig	['jifti]
víbora (f)	hoggorm, huggorm (m)	['hʊg‚ɔrm], ['hʉg‚ɔrm]
cobra (f)	kobra (m)	['kʊbra]
pitón (m)	pyton (m)	['pytɔn]
boa (f)	boaslange (m)	['bɔɑ‚slɑŋə]
culebra (f)	snok (m)	['snʊk]

serpiente (m) de cascabel	**klapperslange** (m)	['klapə‚slaŋə]
anaconda (f)	**anakonda** (m)	[ana'kɔnda]
lagarto (f)	**øgle** (m/f)	['øglə]
iguana (f)	**iguan** (m)	[igʉ'an]
varano (m)	**varan** (n)	[va'ran]
salamandra (f)	**salamander** (m)	[sala'mandər]
camaleón (m)	**kameleon** (m)	[kaməle'ʊn]
escorpión (m)	**skorpion** (m)	[skɔrpi'ʊn]
tortuga (f)	**skilpadde** (m/f)	['ʂil‚padə]
rana (f)	**frosk** (m)	['frɔsk]
sapo (m)	**padde** (m/f)	['padə]
cocodrilo (m)	**krokodille** (m)	[krʊkə'dilə]

93. Los insectos

insecto (m)	**insekt** (n)	['insɛkt]
mariposa (f)	**sommerfugl** (m)	['sɔmər‚fʉl]
hormiga (f)	**maur** (m)	['maʊr]
mosca (f)	**flue** (m/f)	['flʉə]
mosquito (m) (picadura de ~)	**mygg** (m)	['mʏg]
escarabajo (m)	**bille** (m)	['bilə]
avispa (f)	**veps** (m)	['vɛps]
abeja (f)	**bie** (m/f)	['biə]
abejorro (m)	**humle** (m/f)	['hʉmlə]
moscardón (m)	**brems** (m)	['brɛms]
araña (f)	**edderkopp** (m)	['ɛdər‚kɔp]
telaraña (f)	**edderkoppnett** (n)	['ɛdərkɔp‚nɛt]
libélula (f)	**øyenstikker** (m)	['øjən‚stikər]
saltamontes (m)	**gresshoppe** (m/f)	['grɛs‚hɔpə]
mariposa (f) nocturna	**nattsvermer** (m)	['nat‚sværmər]
cucaracha (f)	**kakerlakk** (m)	[kakə'lak]
garrapata (f)	**flått, midd** (m)	['flɔt], ['mid]
pulga (f)	**loppe** (f)	['lɔpə]
mosca (f) negra	**knott** (m)	['knɔt]
langosta (f)	**vandgresshoppe** (m/f)	['van 'grɛs‚hɔpə]
caracol (m)	**snegl** (m)	['snæjl]
grillo (m)	**siriss** (m)	['si‚ris]
luciérnaga (f)	**ildflue** (m/f), **lysbille** (m)	['il‚flʉe], ['lys‚bilə]
mariquita (f)	**marihøne** (m/f)	['mari‚hønə]
escarabajo (m) sanjuanero	**oldenborre** (f)	['ɔldən‚borə]
sanguijuela (f)	**igle** (m/f)	['iglə]
oruga (f)	**sommerfugllarve** (m/f)	['sɔmərfʉl‚larvə]
gusano (m)	**meitemark** (m)	['mæjtə‚mark]
larva (f)	**larve** (m/f)	['larvə]

LA FLORA

94. Los árboles

Español	Noruego	Pronunciación
árbol (m)	tre (n)	['trɛ]
foliáceo (adj)	løv-	['løv-]
conífero (adj)	bar-	['bar-]
de hoja perenne	eviggrønt	['ɛviˌgrœnt]
manzano (m)	epletre (n)	['ɛpləˌtrɛ]
peral (m)	pæretre (n)	['pærəˌtrɛ]
cerezo (m)	morelltre (n)	[mʊ'rɛlˌtrɛ]
guindo (m)	kirsebærtre (n)	['çiʂəbærˌtrɛ]
ciruelo (m)	plommetre (n)	['plʊməˌtrɛ]
abedul (m)	bjørk (f)	['bjœrk]
roble (m)	eik (f)	['æjk]
tilo (m)	lind (m/f)	['lin]
pobo (m)	osp (m/f)	['ɔsp]
arce (m)	lønn (m/f)	['lœn]
picea (m)	gran (m/f)	['gran]
pino (m)	furu (m/f)	['fʉrʉ]
alerce (m)	lerk (m)	['lærk]
abeto (m)	edelgran (m/f)	['ɛdəlˌgran]
cedro (m)	seder (m)	['sedər]
álamo (m)	poppel (m)	['pɔpəl]
serbal (m)	rogn (m/f)	['rɔŋn]
sauce (m)	pil (m/f)	['pil]
aliso (m)	or, older (m/f)	['ʊr], ['ɔldər]
haya (f)	bøk (m)	['bøk]
olmo (m)	alm (m)	['alm]
fresno (m)	ask (m/f)	['ask]
castaño (m)	kastanjetre (n)	[ka'stanjeˌtrɛ]
magnolia (f)	magnolia (m)	[maŋ'nʉlia]
palmera (f)	palme (m)	['palmə]
ciprés (m)	sypress (m)	[sʏ'prɛs]
mangle (m)	mangrove (m)	[maŋ'grʊvə]
baobab (m)	apebrødtre (n)	['apebrøˌtrɛ]
eucalipto (m)	eukalyptus (m)	[ɛvka'lyptʉs]
secoya (f)	sequoia (m)	['sekˌvɔja]

95. Los arbustos

Español	Noruego	Pronunciación
mata (f)	busk (m)	['bʉsk]
arbusto (m)	busk (m)	['bʉsk]

vid (f)	vinranke (m)	['vin,rankə]
viñedo (m)	vinmark (m/f)	['vin,mark]
frambueso (m)	bringebærbusk (m)	['briŋə,bær bʉsk]
grosella (f) negra	solbærbusk (m)	['sʊlbær,bʉsk]
grosellero (f) rojo	ripsbusk (m)	['rips,bʉsk]
grosellero (m) espinoso	stikkelsbærbusk (m)	['stikəlsbær,bʉsk]
acacia (f)	akasie (m)	[a'kasiə]
berberís (m)	berberis (m)	['bærberis]
jazmín (m)	sjasmin (m)	[şas'min]
enebro (m)	einer (m)	['æjnər]
rosal (m)	rosenbusk (m)	['rʊsən,bʉsk]
escaramujo (m)	steinnype (m/f)	['stæjn,nypə]

96. Las frutas. Las bayas

fruto (m)	frukt (m/f)	['frʉkt]
frutos (m pl)	frukter (m/f pl)	['frʉktər]
manzana (f)	eple (n)	['ɛplə]
pera (f)	pære (m/f)	['pærə]
ciruela (f)	plomme (m/f)	['plʊmə]
fresa (f)	jordbær (n)	['juːr,bær]
guinda (f)	kirsebær (n)	['çişə,bær]
cereza (f)	morell (m)	[mʊ'rɛl]
uva (f)	drue (m)	['drʉə]
frambuesa (f)	bringebær (n)	['briŋə,bær]
grosella (f) negra	solbær (n)	['sʊl,bær]
grosella (f) roja	rips (m)	['rips]
grosella (f) espinosa	stikkelsbær (n)	['stikəls,bær]
arándano (m) agrio	tranebær (n)	['tranə,bær]
naranja (f)	appelsin (m)	[apel'sin]
mandarina (f)	mandarin (m)	[manda'rin]
ananás (m)	ananas (m)	['ananas]
banana (f)	banan (m)	[ba'nan]
dátil (m)	daddel (m)	['dadəl]
limón (m)	sitron (m)	[si'trʊn]
albaricoque (m)	aprikos (m)	[apri'kʊs]
melocotón (m)	fersken (m)	['fæşkən]
kiwi (m)	kiwi (m)	['kivi]
pomelo (m)	grapefrukt (m/f)	['grɛjp,frʉkt]
baya (f)	bær (n)	['bær]
bayas (f pl)	bær (n pl)	['bær]
arándano (m) rojo	tyttebær (n)	['tʏtə,bær]
fresa (f) silvestre	markjordbær (n)	['mark juːr,bær]
arándano (m)	blåbær (n)	['blo,bær]

97. Las flores. Las plantas

flor (f)	blomst (m)	['blɔmst]
ramo (m) de flores	bukett (m)	[bʉ'kɛt]
rosa (f)	rose (m/f)	['rʊsə]
tulipán (m)	tulipan (m)	[tʉli'pɑn]
clavel (m)	nellik (m)	['nɛlik]
gladiolo (m)	gladiolus (m)	[glɑdi'ɔlʉs]
aciano (m)	kornblomst (m)	['kʊːn̩ˌblɔmst]
campanilla (f)	blåklokke (m/f)	['blɔˌklɔkə]
diente (m) de león	løvetann (m/f)	['løvəˌtɑn]
manzanilla (f)	kamille (m)	[kɑ'milə]
áloe (m)	aloe (m)	['alʊe]
cacto (m)	kaktus (m)	['kɑktʉs]
ficus (m)	gummiplante (m/f)	['gʉmiˌplɑntə]
azucena (f)	lilje (m)	['liljə]
geranio (m)	geranium (m)	[ge'rɑnium]
jacinto (m)	hyasint (m)	[hiɑ'sint]
mimosa (f)	mimose (m/f)	[mi'mɔsə]
narciso (m)	narsiss (m)	[nɑ'ʂis]
capuchina (f)	blomkarse (m)	['blɔmˌkɑʂə]
orquídea (f)	orkidé (m)	[ɔrki'de]
peonía (f)	peon, pion (m)	[pe'ʊn], [pi'ʊn]
violeta (f)	fiol (m)	[fi'ʊl]
trinitaria (f)	stemorsblomst (m)	['stemʊsˌblɔmst]
nomeolvides (f)	forglemmegei (m)	[for'gleməˌjæj]
margarita (f)	tusenfryd (m)	['tʉsənˌfryd]
amapola (f)	valmue (m)	['vɑlmʉə]
cáñamo (m)	hamp (m)	['hɑmp]
menta (f)	mynte (m/f)	['myntə]
muguete (m)	liljekonvall (m)	['liljə kɔn'vɑl]
campanilla (f) de las nieves	snøklokke (m/f)	['snøˌklɔkə]
ortiga (f)	nesle (m/f)	['nɛslə]
acedera (f)	syre (m/f)	['syrə]
nenúfar (m)	nøkkerose (m/f)	['nøkəˌrʊse]
helecho (m)	bregne (m/f)	['brɛjnə]
liquen (m)	lav (m/n)	['lɑv]
invernadero (m) tropical	drivhus (n)	['drivˌhʉs]
césped (m)	gressplen (m)	['grɛsˌplen]
macizo (m) de flores	blomsterbed (n)	['blɔmstərˌbed]
planta (f)	plante (m/f), vekst (m)	['plɑntə], ['vɛkst]
hierba (f)	gras (n)	['grɑs]
hoja (f) de hierba	grasstrå (n)	['grɑsˌstrɔ]

hoja (f)	blad (n)	['blɑ]
pétalo (m)	kronblad (n)	['krɔnˌblɑ]
tallo (m)	stilk (m)	['stilk]
tubérculo (m)	rotknoll (m)	['rʊtˌknɔl]
retoño (m)	spire (m/f)	['spirə]
espina (f)	torn (m)	['tʊːɳ]
florecer (vi)	å blomstre	[ɔ 'blɔmstrə]
marchitarse (vr)	å visne	[ɔ 'visnə]
olor (m)	lukt (m/f)	['lʉkt]
cortar (vt)	å skjære av	[ɔ 'şæːrə ɑː]
coger (una flor)	å plukke	[ɔ 'plʉkə]

98. Los cereales, los granos

grano (m)	korn (n)	['kʊːɳ]
cereales (m pl) (plantas)	cerealer (n pl)	[sere'ɑlər]
espiga (f)	aks (n)	['ɑks]
trigo (m)	hvete (m)	['vetə]
centeno (m)	rug (m)	['rʉg]
avena (f)	havre (m)	['hɑvrə]
mijo (m)	hirse (m)	['hişə]
cebada (f)	bygg (m/n)	['bɣg]
maíz (m)	mais (m)	['mɑis]
arroz (m)	ris (m)	['ris]
alforfón (m)	bokhvete (m)	['bʊkˌvetə]
guisante (m)	ert (m/f)	['æːt]
fréjol (m)	bønne (m/f)	['bœnə]
soya (f)	soya (m)	['sɔja]
lenteja (f)	linse (m/f)	['linsə]
habas (f pl)	bønner (m/f pl)	['bœnər]

LOS PAÍSES

99. Los países. Unidad 1

Afganistán (m)	Afghanistan	[afˈganiˌstan]
Albania (f)	Albania	[alˈbania]
Alemania (f)	Tyskland	[ˈtʏsklan]
Arabia (f) Saudita	Saudi-Arabia	[ˈsaʊdi aˈrabia]
Argentina (f)	Argentina	[argɛnˈtina]
Armenia (f)	Armenia	[arˈmenia]
Australia (f)	Australia	[aʊˈstralia]
Austria (f)	Østerrike	[ˈøstəˌrikə]
Azerbaidzhán (m)	Aserbajdsjan	[aserbajdˈʂan]
Bangladesh (m)	Bangladesh	[banglaˈdɛʂ]
Bélgica (f)	Belgia	[ˈbɛlgia]
Bielorrusia (f)	Hviterussland	[ˈvitəˌrʉslan]
Bolivia (f)	Bolivia	[boˈlivia]
Bosnia y Herzegovina	Bosnia-Hercegovina	[ˈbɔsnia hersegoˌvina]
Brasil (f)	Brasilia	[braˈsilia]
Bulgaria (f)	Bulgaria	[bʉlˈgaria]
Camboya (f)	Kambodsja	[kamˈbodʂa]
Canadá (f)	Canada	[ˈkanada]
Chequia (f)	Tsjekkia	[ˈtʂɛkija]
Chile (m)	Chile	[ˈtʂilə]
China (f)	Kina	[ˈçina]
Chipre (m)	Kypros	[ˈkʏprʊs]
Colombia (f)	Colombia	[kɔˈlʉmbia]
Corea (f) del Norte	Nord-Korea	[ˈnʊːr kʊˈrɛa]
Corea (f) del Sur	Sør-Korea	[ˈsør kʉˌrea]
Croacia (f)	Kroatia	[krʊˈatia]
Cuba (f)	Cuba	[ˈkʉba]
Dinamarca (f)	Danmark	[ˈdanmark]
Ecuador (m)	Ecuador	[ɛkʊaˈdɔr]
Egipto (m)	Egypt	[ɛˈgypt]
Emiratos (m pl) Árabes Unidos	Forente Arabiske Emiratene	[fɔˈrentə aˈrabiskə ɛmiˈratenə]
Escocia (f)	Skottland	[ˈskɔtlan]
Eslovaquia (f)	Slovakia	[ʂlʊˈvakia]
Eslovenia	Slovenia	[ʂlʊˈvenia]
España (f)	Spania	[ˈspania]
Estados Unidos de América (m pl)	Amerikas Forente Stater	[aˈmerikas fɔˈrentə ˈstatər]
Estonia (f)	Estland	[ˈɛstlan]
Finlandia (f)	Finland	[ˈfinlan]
Francia (f)	Frankrike	[ˈfrankrikə]

100. Los países. Unidad 2

Georgia (f)	Georgia	[ge'ɔrgia]
Ghana (f)	Ghana	['gana]
Gran Bretaña (f)	Storbritannia	['stʊr bri̩tania]
Grecia (f)	Hellas	['hɛlas]
Haití (m)	Haiti	[ha'iti]
Hungría (f)	Ungarn	['ʉŋaːn]

India (f)	India	['india]
Indonesia (f)	Indonesia	[indʊ'nesia]
Inglaterra (f)	England	['ɛŋlan]
Irak (m)	Irak	['irak]
Irán (m)	Iran	['iran]
Irlanda (f)	Irland	['irlan]
Islandia (f)	Island	['islan]
Islas (f pl) Bahamas	Bahamas	[ba'hamas]
Israel (m)	Israel	['israǝl]
Italia (f)	Italia	[i'talia]

Jamaica (f)	Jamaica	[ʂa'majka]
Japón (m)	Japan	['japan]
Jordania (f)	Jordan	['jɔrdan]

Kazajstán (m)	Kasakhstan	[ka'sak̩stan]
Kenia (f)	Kenya	['kenya]
Kirguizistán (m)	Kirgisistan	[kir'gisi̩stan]
Kuwait (m)	Kuwait	['kʉvajt]

Laos (m)	Laos	['laɔs]
Letonia (f)	Latvia	['latvia]
Líbano (m)	Libanon	['libanɔn]
Libia (f)	Libya	['libia]
Liechtenstein (m)	Liechtenstein	['lihtɛnʂtæjn]
Lituania (f)	Litauen	['li̩taʊǝn]
Luxemburgo (m)	Luxembourg	['lʉksɛm̩bʉrg]

Macedonia	Makedonia	[make'dɔnia]
Madagascar (m)	Madagaskar	[mada'gaskar]
Malasia (f)	Malaysia	[ma'lajsia]
Malta (f)	Malta	['malta]
Marruecos (m)	Marokko	[ma'rɔkʊ]
Méjico (m)	Mexico	['mɛksikʊ]
Moldavia (f)	Moldova	[mɔl'dɔva]
Mónaco (m)	Monaco	[mʊ'nakʊ]
Mongolia (f)	Mongolia	[mʊŋ'gulia]
Montenegro (m)	Montenegro	['mɔntǝ̩nɛgrʊ]
Myanmar (m)	Myanmar	['mjænma]

101. Los países. Unidad 3

Namibia (f)	Namibia	[na'mibia]
Nepal (m)	Nepal	['nepal]

| Noruega (f) | Norge | ['nɔrgə] |
| Nueva Zelanda (f) | New Zealand | [njʉ'selɑn] |

Países Bajos (m pl)	Nederland	['nedə͜lɑn]
Pakistán (m)	Pakistan	['pɑki͜stɑn]
Palestina (f)	Palestina	[pale'stinɑ]
Panamá (f)	Panama	['pɑnɑmɑ]
Paraguay (m)	Paraguay	[pɑrɑg'wɑj]
Perú (m)	Peru	[pe'ru:]
Polinesia (f) Francesa	Fransk Polynesia	['frɑnsk pɔly'nesiɑ]
Polonia (f)	Polen	['pʉlen]
Portugal (f)	Portugal	[pɔ:tʉ'gɑl]

República (f) Dominicana	Dominikanske Republikken	[dʉmini'kɑnskə repʉ'blikən]
República (f) Sudafricana	Republikken Sør-Afrika	[repʉ'bliken 'sør͜afrikɑ]
Rumania (f)	Romania	[rʉ'mɑniɑ]
Rusia (f)	Russland	['rʉslɑn]

Senegal	Senegal	[sene'gɑl]
Serbia (f)	Serbia	['særbiɑ]
Siria (f)	Syria	['syriɑ]
Suecia (f)	Sverige	['sværiə]
Suiza (f)	Sveits	['svæjts]
Surinam (m)	Surinam	['sʉri͜nɑm]

Tayikistán (m)	Tadsjikistan	[tɑ'dşiki͜stɑn]
Tailandia (f)	Thailand	['tɑjlɑn]
Taiwán (m)	Taiwan	['tɑj͜vɑn]
Tanzania (f)	Tanzania	['tɑnsɑ͜niɑ]
Tasmania (f)	Tasmania	[tɑs'mɑniɑ]
Túnez (m)	Tunisia	['tʉ'nisiɑ]
Turkmenia (f)	Turkmenistan	[tʉrk'meni͜stɑn]
Turquía (f)	Tyrkia	[tyrkiɑ]

Ucrania (f)	Ukraina	[ʉkrɑ'inɑ]
Uruguay (m)	Uruguay	[ʉrygʉ'ɑj]
Uzbekistán (m)	Usbekistan	[ʉs'beki͜stɑn]
Vaticano (m)	Vatikanet	['vɑti͜kɑne]
Venezuela (f)	Venezuela	[venesʉ'ɛlɑ]
Vietnam (m)	Vietnam	['vjɛtnɑm]
Zanzíbar (m)	Zanzibar	['sɑnsibɑr]

27121138R00057

Printed in Great Britain
by Amazon